MANIFESTE

Féministe

–

Laure **ADLER**

SOMMAIRE

LAURE
ADLER

Éloge des hommes féministes

PRÉAMBULE

Qu'est-ce qu'une femme ? Toujours et encore le deuxième sexe. Soixante ans après la publication de l'essai de Simone de Beauvoir qui fut considéré par certains comme un brûlot écrit sous le coup de la mauvaise foi, de l'excès, voire de l'hystérie, la situation de la femme, le statut de la femme, l'essence même de ce qu'est une femme dans le regard d'autrui n'a guère changé. Elle reste toujours assignée à son sexe et demeure d'abord définie par cette identité.

D'un homme, on peut parler de toutes les manières possibles et dans d'infinis registres, sans d'abord et peut-être jamais se référer à son identité masculine. C'est un être humain comme un autre. Pas besoin donc de préciser son origine sexuelle. Ça parle. Ça coule de source. C'est évident : c'est un homme.

Et d'une femme ? Peut-on parler d'une femme – de ce qu'elle est, ce qu'elle fait, ce vers quoi elle tend, ce qu'elle espère – sans dire, parfois immédiatement et sans même s'en rendre compte, qu'elle est d'abord et avant tout une femme ? Comme si son sexe l'encageait. Comme si sa nature lui assignait un destin. Comme si son identité féminine circonscrivait son champ de possibilité, d'espérance, voire de croyance en elle-même, de projection dans l'avenir.

Simone de Beauvoir avait raison : « On ne naît pas femme, on le devient. » Elle qui a œuvré pour le mouvement féministe des années 1960-1980 aurait été loin d'imaginer que, dans les années 2010, le statut politique, économique et sexuel de la femme soit de nouveau en danger. Oui, les femmes sont aujourd'hui en danger ! Oui, elles sont encore considérées comme les inférieures de « leurs égaux » : les hommes ! Quelles que soient les preuves apportées (compétences, études, expérience, *curriculum vitae*), elles sont actuellement payées un tiers de moins que leurs pairs.

Pourquoi ? Parce que l'argent est une forme de reconnaissance symbolique. Une femme à compétence égale vaut moins qu'un homme. C'est naturel. C'est sexuel. C'est son essence même qui est dévalorisée. Le marché – mot à prendre dans toutes ses acceptions – la minore, la déconsidère, parce qu'elle est femme. Dans la société ultralibérale, régie de plus en plus par la concurrence, la dévalorisation de la notion même de travail et le sacro-saint principe de la flexibilité de l'emploi, les femmes sont les premières victimes.

Les femmes les plus pauvres et les femmes les plus vieilles paient le plus lourd tribut à ce capitalisme machiste, qui n'hésite pas à les utiliser comme les petites mains nécessaires à un processus d'augmentation de profit et d'ascension boursière, au mépris de la considération qui leur est due et en faisant semblant d'ignorer qu'elles ne peuvent refuser ce qu'on leur propose : des vies difficiles, éreintantes, angoissantes, marquées par la précarité. Les femmes sur le marché de l'emploi sont celles à qui on propose majoritairement des contrats à durée déterminée, du temps partiel. Nombreuses sont celles qui aspirent au temps plein mais qui sont contraintes, pour pouvoir assurer les fins de mois, de multiplier les petits emplois et donc de passer un temps considérable dans les transports. Vies marquées par l'angoisse de ne pas être réembauchée, d'être assujettie à des horaires difficiles, des salaires *a minima*, de la répétitivité dans les gestes accomplis, de la dangerosité parfois. Exposées physiquement aux tâches les plus dures, ces femmes, une fois la journée de travail terminée, se retrouvent bien souvent seules, avec pour mission d'éduquer leurs enfants.

Ainsi instrumentalise-t-on les femmes pour en faire, pour les plus démunies d'entre elles, le prolétariat vulnérable d'une société où, de l'autre côté, les plus riches deviennent de plus en plus riches et où la richesse s'affiche sans honte comme un signe non plus seulement de distinction sociale et de réussite, mais aussi de bonheur. De cette violence répétée, et hélas peut-être déjà constitutive du fonctionnement économique et idéologique de notre société, on ne parle guère : c'est une contre-révolution silencieuse.

Elle vient de loin cette haine. Cette jalousie envers le sexe féminin.

Les femmes restent faibles, bêtes, menteuses, frivoles, excessives, donc dangereuses. Elles le sont par essence et rien, donc, ne peut les changer. C'est une question de *nature*. Voilà ce qu'on nous fait croire depuis l'aube de l'humanité. Catégorisation simplificatrice ressortissant d'un état des choses, d'une constatation des faits, voire de la naissance du monde : Ève n'est-elle pas née d'une côte d'Adam avant de se transformer en tentatrice responsable et coupable de l'avoir fait goûter au péché originel ? Et le miracle – négatif –, c'est que cette prétendue nature féminine façonne encore aujourd'hui nos manières de croire, de penser, donc d'agir.

Rappelons qu'il n'y a pas de « nature » féminine, pas plus, d'ailleurs, qu'il n'y a de « nature » masculine. Il n'y a que des constructions culturelles, que telle ou telle idéologie s'efforce de faire passer pour des éléments dits naturels. En matière d'identités sexuées, c'est d'abord pour clarifier cette confusion nature/culture qu'a été élaborée l'opposition entre « sexe » et « genre » : là où le sexe semble bien relever d'une donnée naturelle, le genre, en revanche, correspondrait à une élaboration culturelle menée à la fois par l'individu et la société dans laquelle il ou elle s'inscrit. Ainsi le masculin est-il, dans de nombreuses civilisations d'époques parfois très différentes, culturellement construit comme supérieur au féminin, ainsi que l'ont montré les travaux de Françoise Héritier.

Recensant les mythes fondateurs, disséquant les systèmes de filiation, observant sur le terrain, cette anthropologue, élève de Claude Lévi-Strauss, en a déduit qu'il existait partout dans le monde ce qu'elle nomme une « valence différentielle des sexes ».

Du moins pour le féminin.
Du plus pour le masculin.
De l'universel pour le masculin.
Du particulier pour le féminin.

Impossible de comprendre la lutte des femmes pour le droit à la reconnaissance et à la reconnaissance de leur existence sans souligner le poids symbolique des croyances, depuis l'aube de l'humanité, concernant le corps de la femme : la femme est un homme en moins homme. Un homme minoré. Un corps dont s'écoule, chaque mois, du sang. Un corps qui fuit, qui s'affaiblit, sauf quand le corps d'un homme vient interrompre le cercle de la perte. L'homme a ses organes génitaux à l'extérieur, la femme à l'intérieur, pense-t-on dans le monde occidental jusqu'au XVIIIe siècle. Ainsi Diderot écrit dans *Le Rêve de d'Alembert* (1769) : « La femme a toutes les parties de l'homme, et [...] la seule différence qu'il y ait est celle d'une bourse pendante en dehors, ou d'une bourse retournée en dedans. » Unicité sexuelle ne signifie pas pour autant égalité. L'homme, c'est le chaud ; la femme, c'est le froid. Galien, médecin grec de l'Antiquité ayant influencé la médecine du Moyen Âge, affirme que les femmes sont des hommes auxquels manque la chaleur vitale, signe de la perfection. Trop froides pour sortir leurs organes. Déjà dans la pensée grecque, le froid est féminin, le chaud est masculin. Mais ce genre de distinctions se retrouve aussi dans de nombreuses sociétés traditionnelles, comme le souligne Françoise Héritier dans *La Plus Belle Histoire des femmes* : « Quand on tue une bête, on la fait saigner, et quand elle a perdu son sang, elle devient froide, immobile, morte. Donc la vie est mobilité et chaleur, la mort est immobilité et froideur. Pourquoi l'homme est-il chaud et sec ? Parce qu'il ne perd pas son sang. Alors que la femme est froide et humide parce qu'elle perd régulièrement son sang par les menstrues, sans qu'elle puisse rien faire pour l'empêcher. » L'homme, lui, peut perdre son sang en faisant la guerre. Ce risque procède d'une décision et non d'une donnée de la nature. Il se révèle actif et déplace son esprit de conquête en affermissant sa virilisation. Les hommes font la guerre entre eux. À l'arrière du front, les femmes suivent pour panser les plaies et offrir leurs ventres aux guerriers dont la semence doit être revivifiée.

Sexe, sang, sperme.
Passif, actif.
Infériorité, supériorité.

L'Homme dans notre langue ne désigne-t-il pas l'espèce humaine ? Considéré comme représentant de l'humanité, il en est l'incarnation la plus accomplie et se vit donc comme tel.

« C'est l'homme qui engendre l'homme », dit Aristote dans sa *Métaphysique*, signifiant ainsi que seul le masculin peut transmettre à l'enfant le principe de l'humanité. Élisabeth Badinter a fait de cette phrase le titre d'un des chapitres de son livre *XY. De l'identité masculine*. L'homme, pour avoir une descendance, doit « passer » par la femme. Comment donc l'utiliser sans en dépendre ? Comment faire en sorte que le masculin perdure en tant que tel alors qu'il est contraint de s'unir au féminin pour que l'espèce demeure ? Comment faire des petits d'hommes qui sauront s'affranchir de celles qui les ont portés, allaités, élevés ? Comment penser que c'est encore des ventres des femmes que sortent les enfants ? Et plus particulièrement un garçon qu'il faudra arracher à l'amour de sa mère pour qu'il puisse effacer toute trace de féminité et retrouver l'universel en lui, c'est-à-dire le masculin ?

Aujourd'hui, les progrès scientifiques (fécondation *in vitro*, don anonyme d'ovocytes et de sperme) ont bouleversé non seulement notre rapport à la fécondité mais aussi à la sexualité, en mettant en cause l'idée même de nature féminine ou d'universel masculin. Certains savants, et pas des moindres, imaginent qu'un jour viendra où l'homme engendrera l'homme, pas au sens métaphorique du mot mais réellement, physiquement. Du masculin naîtra du masculin ou du féminin, mais c'est l'homme qui pourra, réalisant un rêve ancestral, accoucher lui-même du même, de l'identique, sans être contraint de s'unir au féminin. L'homme enceint, qu'interprétait magnifiquement Marcello Mastroianni dans le film de Jacques Demy *L'Événement le plus important depuis que l'homme a marché sur la Lune* (1972), annonciateur de Marco Ferreri, n'est-il donc plus une utopie ? À quand la création de cliniques spécialisées dans l'implantation d'utérus artificiels pour hommes qui demanderont à leur accoucheur de ne leur préparer qu'une progéniture YY ? Henri Atlan nous a déjà annoncé cette probabilité à la fois sur le plan scientifique et sur le plan philosophique. Même s'il s'approche là d'une *terra* encore *incognita*, on ne peut pas imaginer qu'il soit un charlatan ou un prophète qui ne s'appuie pas sur des bases et des données théoriques qui pourront un jour peut-être se concrétiser. Ce rêve aujourd'hui, ou ce cauchemar pour d'autres, est en tout cas à considérer sur un plan biologique, métaphysique et aussi sexuel.

Les femmes ont-elles quelque chose à gagner de cette désappropriation de leur faculté biologique d'engendrer ? Pas si sûr. Dans ce grand trafic des corps où l'on oublie souvent l'esprit, animés par le désir d'aller toujours plus loin en repoussant la notion même d'espèce et l'idée d'une possible et souhaitable complémentarité des sexes, le corps des femmes est bien souvent instrumentalisé, quand il n'est pas purement et simplement nié.

Heureusement, les données biologiques ne valent pas certitude. Le trouble dans le genre existe. Des femmes veulent devenir des hommes, et pas seulement au moment où, dans certaines sociétés, ils leur accorderaient ce droit – à la ménopause où elles ne sont plus considérées comme actives – mais dans leur plus jeune âge. Non pour ressembler à des hommes mais pour prétendre aux mêmes droits qu'eux, car dotées de la même capacité de penser, de réfléchir et donc d'agir.

Contrairement à ce que nous avons pu croire ou espérer dans les années 1980, le combat féministe perdure aujourd'hui. Les esquisses de progrès pour lesquelles les femmes se sont mobilisées sont mises à mal. Encore et encore, il faut continuer à se battre pour l'égalité économique, politique, sexuelle entre les hommes et les femmes. De cette lutte, il ne faut pas exclure les hommes. L'étude du passé nous le prouve : tout au long de l'histoire, certains d'entre eux se sont mobilisés pour la cause des femmes, pour que l'on cesse de les tenir à l'écart de l'éducation, de la pensée, de l'action sociale ou politique...

Ces hommes, qui se mettent aussi en ordre de bataille pour défendre l'égalité des sexes, engageant un combat pour la reconnaissance juridique, politique et sexuelle des femmes, agissent à contre-courant des opinions publiques. Ils ne se laissent jamais désarmer par les quolibets dont on va les poursuivre, persuadés qu'ils sont de changer le monde en travaillant au basculement de l'identité de chaque homme, non en termes de sexe, de classe, de race, mais en utilisant l'universel et la communauté, donc l'égalité.

I

LE XVIIe SIÈCLE « FÉMINISTE »

Ce n'est pas un hasard si beaucoup de ces hommes qui défendent les femmes sont des révolutionnaires, des utopistes, des inventeurs de contre-sociétés, des réformateurs de la morale publique, soucieux du bien commun, des philosophes qui veulent changer nos fondamentaux et érigent la raison et non l'appartenance à un sexe en principe de compréhension du monde.

Comment ne pas d'abord penser à Descartes (1596-1650) et à son *cogito*, s'adressant à toutes et à tous ? Persuadé de par la construction de son corpus philosophique, de sa méthodologie de pensée, que la connaissance de sa propre existence faisait fi de l'identité sexuelle, il a toujours considéré que les femmes pouvaient être égales aux hommes pour traiter des affaires les plus importantes.

Sa *Correspondance avec Élisabeth*, commencée le 16 mai 1643, l'atteste. Celle qui n'est autre que la princesse de Bohême (fille du roi Frédéric V) se définit comme « une personne ignorante et indocile » et demande à être éclairée sur la physique et la philosophie. Il lui répond dès le 21 mai qu'il est enchanté de converser par écrit avec une personne qu'il a vue tenir, lorsqu'il l'a rencontrée, « des discours plus qu'humains [sortant] d'un corps si semblable à ceux que les peintres donnent aux anges ». Il avoue que les questions qu'elle pose sont des plus pertinentes, qu'elles découlent de sa propre philosophie, et il entend véritablement tenter de lui répondre d'égal à égale. En effet, dans cette correspondance, Élisabeth, par la qualité de ses questionnements, contraint Descartes à développer ses propres argumentations sur l'union de l'âme et du corps. Il donne tant d'importance aux lettres qu'elle lui envoie qu'il lui avoue assez vite qu'il a besoin de son « incomparable esprit » pour approfondir ses pensées et lui propose même, quand le désir de discuter se fait trop grand, de venir lui parler en faisant le voyage. Elle a beau s'abriter derrière ce qu'elle nomme « la malédiction de [son] sexe », Descartes récuse cette prétendue infériorité, lui faisant remarquer, alors qu'elle est souffrante, qu'elle a « des pensées si nettes et des raisonnements si fermes qu'il ne [lui] est pas possible de [se] persuader qu'un esprit capable de les concevoir soit logé dans un corps faible et malade ». Il s'adresse à son esprit uniquement et parle avec elle de la philosophie de Sénèque, de l'immortalité de l'âme, et s'avoue bien vite « vaincu » devant de si « bons raisonnements ». Il lui écrit qu'il a enfin trouvé une personne à sa mesure pour pouvoir aller plus loin que ses *Méditations métaphysiques* publiées deux ans avant leur rencontre et traduites en français en 1647. Au fil de leurs échanges épistolaires, il lui confie qu'il n'a plus la prétention de lui apprendre quoi que ce soit, mais qu'il souhaite simplement la divertir. Alors que la reine Christine, qui règne sur la Suède de 1632 à 1654, le demande à sa cour, la réaction d'Élisabeth provoque l'effroi de Descartes, qui craint qu'elle soit jalouse et se sente en concurrence avec elle. Il tente de la rassurer et lui explique que la reine n'est pas à sa hauteur, car elle ne connaît pas la philosophie. Mais Élisabeth, fine mouche, lui répond le 4 décembre 1649 : « Ne croyez pas que [cela] me donne matière de jalousie, mais plutôt de m'estimer un peu plus que je ne faisais avant que [la reine Christine] m'ait fait avoir l'idée d'une personne si accomplie, qui affranchit notre sexe de l'imputation d'imbécillité et de faiblesse que messieurs les pédants lui voulaient donner. » La princesse de Bohême et le philosophe correspondront jusqu'à la mort de ce dernier.

Digne continuateur de Descartes, le philosophe François Poullain de la Barre (1647-1725) est l'auteur de trois essais désormais classiques sur l'égalité de l'homme et de la femme, parmi lesquels *De l'égalité des deux sexes* (1673) et *De l'éducation des dames* (1674). Tandis que le premier traite de l'inégalité entre les sexes et réfute l'idée d'une quelconque infériorité naturelle du « beau sexe » – un préjugé selon lui –, le second préconise le développement d'une éducation éclairée pour les femmes. Parce que « l'esprit n'a point de sexe », les femmes ne sont pas moins capables que les hommes d'apprendre les mathématiques, la médecine, la grammaire, l'éloquence ou le droit ; Poullain dénonce dans le même temps l'ignorance dans laquelle les hommes continuent de maintenir les femmes. Le philosophe est d'ailleurs conscient de sa position marginale d'homme défenseur des femmes : « Il n'y a rien de plus délicat que de s'expliquer sur les femmes », écrit-il en préface de son premier essai. « Quand un homme parle à leur avantage, l'on s'imagine aussitôt que c'est par galanterie ou

par amour. » Pour autant, Poullain continuera de s'exprimer sur le sujet, faisant preuve d'une audace toujours renouvelée.

Ces déclarations si osées, si courageuses, si novatrices de la part d'intellectuels comme Poullain de la Barre, aujourd'hui ignoré des manuels d'histoire et dont l'œuvre est beaucoup trop méconnue, coïncident avec l'essor d'une certaine revendication, qu'elle soit le fait d'hommes ou de femmes : les femmes doivent être égales aux hommes en ce qui concerne l'éducation, l'acquisition des savoirs et la maîtrise de la langue.

À l'aube des années 1650, déjà, un philosophe et pédagogue tchèque, Jan Amos Komensky, dit Comenius, écrivait sur l'importance d'éduquer les filles et les garçons de la même façon. Dans *La Grande Didactique ou l'Art universel de tout enseigner à tous*, il explique que l'école ne doit pas faire de distinction entre les sexes ou les niveaux de richesse mais doit dispenser à tous un enseignement général, utile aux uns comme aux autres dans la vie de tous les jours. De même, selon lui, chaque élève (garçon ou fille) montrant des aptitudes dans ces apprentissages doit pouvoir accéder aux études supérieures. Comenius, que certains considèrent comme le père de la pédagogie moderne, est le premier à prendre parti pour cette éducation identique des garçons et des filles, à une époque où l'infériorité des femmes ne fait guère de doutes. Il laisse supposer qu'intellectuellement hommes et femmes sont égaux, même si leurs places dans la société restent bien définies. Nous n'avons qu'un esprit et ce n'est pas le sexe qui nous l'a construit : il nous est commun. Le corps ne fait rien à l'affaire. Il n'est plus question de prendre pour véridiques les discours masculins sur les femmes : les hommes y sont, par définition, juges et parties.

Dans le même temps, en France, un cercle de femmes cultivées affirme que le sexe féminin peut, lui aussi, s'emparer de la parole et des mots. Les précieuses françaises, dont on s'est beaucoup gaussé, connaissent en effet leur apogée entre 1650 et 1660. Dans ces années d'après la Fronde où leurs devancières avaient prouvé que les femmes pouvaient jouer un rôle important, les précieuses ont à cœur de réaffirmer le droit de toute femme à la considération. Elles questionnent donc le statut des hommes et mettent en doute l'identité masculine comme seule apte à occuper un rôle social et des responsabilités. Elles demandent le droit au savoir, pierre d'achoppement de toute l'émancipation féministe, et attaquent les mariages arrangés et l'asservissement social et sexuel de la femme. Femme de tête, oui. Mère, pas forcément. Épouse, peut-être, à condition de pouvoir choisir son élu – donc de ne pas être vendue par son père – et d'avoir un mari qui l'aime. C'est l'homme qui doit aimer la femme, et non le contraire. Elle, elle choisit d'aimer ou pas. « Je veux un amant sans vouloir un mari, et je veux un amant qui, se contentant de la possession de mon cœur, m'aime jusqu'à la mort », affirmait mademoiselle de Scudéry à la fin de son roman-fleuve *Artamène ou le Grand Cyrus* (1649-1653). Entre autres idées participant à l'émancipation des femmes, les précieuses proposent la rupture du mariage dès la naissance du premier enfant, dont la garde serait laissée au père, non sans avoir donné à la mère une prime en espèces pour avoir enfanté. On les a beaucoup ridiculisées, Molière le premier, mais on commence aujourd'hui à mieux comprendre ce qu'il y avait de nouveauté, d'audace et de rébellion dans ce mouvement intellectuel et littéraire d'affirmation de la croyance des femmes en elles-mêmes.

De fait, les précieuses ne sont pas nombreuses, mais cette minorité dérangeante réussit, par son accoutrement, ses manières de parler et de se comporter, à initier une longue entreprise de déconstruction du rapport dominant/dominé existant entre hommes et femmes, en imprégnant les cercles de pouvoir et d'influence, notamment *via* les salons où se réunissent les grands de ce monde. En France, la préciosité amorce une libération des mœurs, tant sociale que morale (et bien sûr littéraire) qui inspirera par la suite le libertinage. À la même période, de l'autre côté de la Manche, certaines intellectuelles, fortes de la glorification de leur sexe, exigent des hommes le droit à la jouissance. Nous sommes là dans l'origine du féminisme : les femmes veulent des hommes plus féminins tout en réclamant l'égalité des droits. Alors qu'en France certains précieux s'affichent vêtus et maquillés avec autant de soins que des femmes, en Angleterre, des hommes parés d'une certaine féminité tentent, en amants experts, de satisfaire l'appétit sexuel de ces femmes affranchies qui pensent que l'égalité passe par la satisfaction et la volupté sexuelles.

Face à ces hommes qui mettent un point d'honneur à ce qu'on ne les définisse pas seulement par rapport à leur origine sexuelle, au risque d'être taxés de faiblesse ou de masochisme, il y a ceux qui se croient de « vrais hommes », virils et fiers de l'être. Des moralistes. Par leurs pamphlets, ils dénoncent la crise de la masculinité et veulent éteindre le feu de ce qu'ils nomment un appel à l'inversion.

2

PHILOSOPHES DES LUMIÈRES ?

Dans la lignée des salons des précieuses émergent au XVIIIe siècle ceux des Lumières. Malgré de notables exceptions, notamment celle qui annonce les ardeurs révolutionnaires à penser autrement le rapport homme/femme, le siècle des Lumières se caractérise par la permanence des préjugés sur ce que l'on commence alors à nommer le « beau sexe ». La beauté n'appartiendrait donc exclusivement qu'aux femmes ? En tout cas, cet attribut permet un glissement du discours qui, insidieusement, ramène le sexe féminin au doux, au chaud, au passif, à la nature maternelle, au statut de l'*infans* (celui qui ne parle pas encore).

C'est au nom de la science que va surgir un discours de l'homme sur l'homme, et de l'homme sur la femme. En effet, de nombreux textes ayant pour objet l'étude de l'espèce humaine (par opposition aux espèces animales) vont d'abord s'attacher à penser ce qui nous distingue – hommes et femmes – de l'animalité. La réponse est : tout. Sauf dans un domaine : la différence sexuelle, traitée en termes d'anatomie et de physiologie. Écoutons Buffon qui soutient dans son *Histoire naturelle de l'homme* (1749) que le lait maternel est le meilleur pour l'enfant : « Si les mères nourrissaient leurs enfants, il y a apparence qu'ils en seraient plus forts et plus vigoureux. Le lait de leur mère doit leur convenir mieux que le lait d'une autre femme. Car la physiologie de l'embryon indiquerait qu'il y est accoutumé dès avant sa naissance, tandis que le lait d'une autre femme est une nourriture nouvelle pour lui. » C'est cette même idée, en vogue au XVIIIe siècle, que Rousseau tentera d'imposer dans l'*Émile* quelques années plus tard.

Ce discours refleurit d'ailleurs aujourd'hui sous couvert d'hygiène et de santé. En effet, deux siècles après Rousseau, il a fait de nombreuses adeptes parmi les... filles féministes de 1968. Elles considéraient qu'elles n'accomplissaient pleinement leur maternité que si elles allaitaient le plus longtemps possible, écartant, par principe, le biberon. Elles y étaient encouragées par un discours dominant, relayé par une certaine presse française qui accentuait le modèle d'une femme en fusion avec son enfant. Comme si cet enfant, tout juste né, ne pouvait encore se détacher d'elle et que l'allaitement était le moyen idéal de retrouver l'*ante* (l'enfant dans le ventre). En tout cas, c'est bien l'idée du corps à corps, de l'attachement naturel, du lait comme sécrétion naturelle après un accouchement qui unit la femme et l'enfant, qui prédomine aujourd'hui, loin de la communauté masculine. Est-ce le retour d'une « nature » par définition bienfaisante ? Est-ce la prise de conscience de la destruction de la planète et l'inscription de l'écologie au cœur de nos modes de pensée qui dictent ce précepte selon lequel une femme n'est une bonne mère que si elle allaite ? Je n'oublie pas qu'il y a trente ans, dans les maternités, l'allaitement nous était proposé du bout des lèvres ; le corps médical s'empressait alors de donner des pilules empêchant la montée du lait et distribuait des biberons, offerts avec leurs différentes tétines... À l'époque, il était d'ailleurs mal vu, ringard, voire réactionnaire, d'allaiter. Il était plus urgent de trouver une place à la crèche et d'y inscrire rapidement son enfant pour retourner travailler. Changement d'époque ? Ou décélération d'un certain féminisme qui a bien du mal aujourd'hui à faire passer ses idées auprès de femmes trentenaires qui pensent que ce discours naturaliste ne les empêchera pas d'être des femmes épanouies et des féministes engagées ?

La nature veut que... La nature fait que... La femme, par nature, est... D'ailleurs, la nature est considérée comme une femme. Et la nature féminine – définie par les hommes, bien entendu – est proche de la nature.

Au siècle des Lumières, pour reprendre le fil de l'histoire, nombreux sont les penseurs, parmi les plus éclairés, qui accordent à la femme une intelligence naturellement inférieure à celle de l'homme. Certes, la femme est dotée d'un esprit – car il faut malgré tout qu'elle puisse éduquer sa progéniture –, mais elle est toujours dérangée par cet utérus voyageur qui habite son corps et peut avoir des conséquences néfastes sur son esprit. La femme n'est que sexe. Tout la ramène à son sexe. Et son sexe explique tout.

Parmi ces philosophes qui, bien qu'avant-gardistes dans un certain nombre de domaines, réduisent la femme à un être inférieur, il y a Jean-Jacques Rousseau. Dans le premier livre de l'*Émile ou De l'éducation* (1762), il n'accorde pas à Sophie la même possibilité de s'éduquer qu'à Émile. Une femme doit rester femme et ne pas jouer à l'homme. Il est donc hors de question d'accorder aux femmes la même possibilité de penser que celle laissée aux hommes, car elles pourraient avoir l'idée de faire de leur fille non une honnête femme, mais... un honnête homme !

Dans les dictionnaires de l'époque, la définition de la « femme » est sans équivoque. Ainsi, pour l'article « Femme » de son *Dictionnaire philosophique* (1764) Voltaire écrit : « Au physique, la femme est de par sa physiologie plus faible que l'homme, les émissions périodiques de sang qui affaiblissent les femmes et les maladies qui naissent de leur suppression, les temps de la grossesse, la nécessité d'allaiter les enfants et de veiller assidûment sur eux, la délicatesse de leurs membres les rendent peu propres à tous les travaux, à tous les métiers qui exigent de la force et de l'endurance. »

L'*Encyclopédie* (1751-1772) dirigée par d'Alembert et Diderot n'est pas plus tendre avec la femme. L'article « Femme » renvoie aux articles « Homme », « Femelle », « Sexe ». Et l'article « Être humain » renvoie à « Fœtus », « Embryon », « Accouchement », « Conception », « Naissance ». La femme est la femelle de l'homme et ne peut être définie que par l'homme. Elle lui appartient et... elle lui fait peur par ses excès, sa coquetterie, son langage équivoque. Diderot, auteur du conte libertin *Les Bijoux indiscrets* (publié anonymement en 1748), enfonce le clou dans l'essai critique *Sur les femmes,* publié en 1772, où il met à mal l'*Essai sur le caractère, les mœurs et l'esprit des femmes dans les différents siècles* d'Antoine Léonard Thomas. Diderot décrit ainsi la femme : « L'essence la domine, non l'esprit ; elle porte en dedans d'elle-même un organe incoercible, susceptible de spasmes terribles... Sa tête parle encore le langage de ses sens, même quand ils sont morts. »

Les hommes et les femmes n'auraient donc pas les mêmes capacités cérébrales, physiques, intellectuelles, mentales et morales. Aujourd'hui encore, la sexualité est un terrain où continue de s'exprimer ce schéma d'infériorisation des femmes. Notre société contemporaine a-t-elle vraiment accepté le fait qu'il n'y a entre hommes et femmes aucune différence de « nature » ? En dehors de l'« asymétrie biologique » qui demeure, comme l'explique Françoise Héritier, car les femmes sont (pour l'instant) les seules à porter et mettre au monde les bébés. Égalité hommes/femmes, tout le monde veut bien le dire, le répéter, voire l'accepter. Mais de là à le mettre en pratique...

3

CONDORCET OU L'HEURE DE LA « RÉVOLUTION »

Face à cette pensée dominante qui assigne la femme – du fait de son sexe et de son sexe seulement – à un rang inférieur, certains grands noms du siècle des Lumières élèvent la voix. Un renversement radical s'opère dans ces discours masculins : il ne s'agit plus de parler des femmes en tant qu'homme arguant son identité masculine pour mieux les dominer, mais d'en parler en tant qu'homme qui appartient à la communauté des hommes et qui a pour mission de fonder en droit ce qu'on nomme alors l'autre moitié.

Parmi eux, Nicolas de Condorcet. S'opposant à Rousseau, mais aussi à ses amis et maîtres Voltaire et d'Alembert, il affirme que la femme dispose des mêmes atouts que l'homme et que ses facultés, en tous points, lui sont égales : comme lui, le grand savant, toute femme est capable de comprendre la science et, si elle dispose de la même éducation, de l'égaler, voire de le supplanter dans l'exercice de l'intelligence et dans ses capacités d'abstraction. Condorcet se situe là, comme son contemporain Emmanuel Kant, dans l'affirmation de l'universel, qui inclut *de facto* l'égalité. Il croit dans la force de la raison et de la perfectibilité humaine. Il est loin de cette différenciation sexuelle qui conduit Rousseau à affirmer que l'esprit féminin n'a pas d'activité conceptuelle, et que la raison des femmes ne peut être, par essence, une raison théorique. Rappelons les propos tenus par Rousseau dans l'*Émile*, clôturant les femmes dans le destin misérable dû à leur sexe – destin qui se reproduit et se reproduira de génération en génération puisqu'elles ne peuvent agir contre ce qui les constitue : « La recherche des vérités abstraites et spéculatives, des principes, des axiomes dans les sciences, tout ce qui tend à généraliser les idées n'est point du ressort des femmes, leurs études doivent se rapporter toutes à la pratique ; c'est à elles à faire l'application des principes que l'homme a trouvés, et c'est à elles de faire les observations qui mènent l'homme à l'établissement des principes. »

L'idée que l'homme seul peut inventer et que la femme n'est bonne qu'à appliquer implique l'inégalité fondée en nature et fait fi de l'identité des esprits. En digne héritier d'Helvétius (1715-1771), qui avait établi l'égalité comme un *a priori*, Condorcet, dès 1788, affirme comme droits naturels : la liberté des personnes et des biens, la sûreté des personnes et des biens, la propriété, et l'égalité naturelle. Il n'est pas le seul à les défendre, en ce moment charnière où beaucoup d'esprits éclairés adhèrent aux idées inscrites dans les cahiers de doléances, mais – comme le démontrent Élisabeth et Robert Badinter dans leur biographie de Condorcet – il fait preuve d'originalité dans sa vision philosophique de la société et dans sa croyance au progrès de cette même société. Le progrès n'est pour lui pas seulement un principe d'espérance mais une loi de l'histoire. Le savant a donc pour mission d'y contribuer. Pour cela, il faut se défaire des idées du passé et établir en droit l'égalité des êtres : inclure dans la communauté des hommes celles et ceux qui n'y ont pas encore accès – les juifs, les Noirs, les femmes, les pauvres – et garantir pour eux le respect des droits de l'homme.

Qui peut prétendre être un Homme s'il dénie à l'Autre le droit de l'être ?

Cette soif de justice et cette défense passionnée des droits de la femme ont été irriguées par des exemples de femmes admirables qui ont incarné ce à quoi Condorcet aspirait pour toutes. Ainsi Émilie du Châtelet, auteure des *Institutions de physique* en 1740, première femme de science de son temps ayant réussi à réunir autour d'elle et de Voltaire une sorte d'académie des sciences que fréquentent les plus grands mathématiciens. Celle que Voltaire surnomme madame Pompon-Newton, la vulgarisatrice de Leibniz et la traductrice des *Principia* de Newton, démontre qu'on peut tout à fait être une femme (aimer les bijoux et les bimbeloteries), une scientifique et une figure incontournable de la grande polémique scientifique du XVIIIe siècle. Dès 1788, Condorcet fait remarquer, contrairement à l'ensemble de ses contemporains, que les femmes sont tout autant capables d'invention que les hommes, et que s'il fallait n'admettre que des hommes dans le domaine de la recherche, il risquait d'y avoir beaucoup de postes vacants dans les académies ! Pour lui, le génie n'est pas l'apanage de l'homme. Bien au contraire, il se trouve qu'il existe des femmes de génie, et ce, en dépit de la mauvaise éducation qu'elles ont subie. Il suffit pour le constater de lire madame de Sévigné ou madame de La Fayette, ajoute-t-il.

> Les éléments fondateurs d'une république sont pour Condorcet l'égalité des droits, l'égalité des sexes, l'égalité dans l'instruction.

Son mariage avec Sophie de Grouchy, en décembre 1786, après bien des déboires amoureux, ne peut que l'encourager dans la défense de son féminisme : Sophie est en effet philosophe, et radicalement athée depuis un séjour formateur dans des couvents séculiers. Elle incarne les idées subversives de la jeune génération révolutionnaire et entend bien participer à la Révolution. De vingt et un ans son aîné, Condorcet l'admire, l'aime, et n'en revient pas de ce bonheur inespéré qu'il confie par lettre à son ami Benjamin Franklin en juillet 1788 : « Savez-vous que depuis votre départ je me suis marié, que j'ai épousé une jeune femme, belle, spirituelle, ayant les talents les plus agréables ? Savez-vous que je dois son indulgence pour mon âge, et mon peu d'importance dans le monde, à son goût pour les lettres et pour la philosophie ? Elle aurait pu trouver beaucoup mieux à tous égards, et elle a eu la bonté de me préférer. »

À peine installée avec Condorcet, Sophie ouvre un salon où les plus grands esprits viennent s'affronter. Les discussions sont sérieuses, trop aux dires de certaines duchesses qui les trouvent abstraites. Devenu véritable laboratoire d'idées grâce aux talents de Sophie qui, comme madame de Staël, savait relancer les joutes philosophiques, métaphysiques et politiques, ce salon va jouer un rôle très important pendant longtemps. D'ailleurs Michelet ne s'y trompera pas et fera de Sophie l'une des figures les plus lumineuses de son histoire de la Révolution française.

Est-ce pour lui plaire, ou tout simplement pour être à sa hauteur, que Condorcet publie, en juillet 1790, un texte intitulé *Sur l'admission des femmes au droit de cité* ? Peut-être. Mais ce faisant, il apparaît comme le premier à poser une question taboue : les femmes sont-elles incluses dans la Déclaration des droits de l'homme et du citoyen signée l'année précédente ? Ont-elles des droits, au même titre que les hommes ? Rappelons que législateurs et philosophes ont tranquillement violé le

principe d'égalité naturelle en privant la moitié du genre humain de la possibilité d'élaborer des lois et d'exercer leur autorité au sein de l'État. Condorcet est sans conteste le philosophe des Lumières qui, dans le dernier quart de ce XVIIIe siècle, a porté haut et fort la cause des femmes en réclamant pour elles l'impensable, l'impensé pour la plupart des hommes, y compris parmi les révolutionnaires : le droit à la citoyenneté. Il les encourage ainsi à être les actrices de leur propre histoire. Ce faisant, il annule, en s'en gaussant, toutes les théories soi-disant éclairées et novatrices qui accordaient aux femmes la toute-puissance dans la sphère privée, et uniquement privée. Femmes, épouses, mères mais pas citoyennes. Femmes de citoyens seulement. Condorcet est le seul et le premier à reconnaître aux femmes la capacité à s'emparer de la cité, et même à la réclamer pour le bien de tous : il espère en effet que les compétences des femmes dans l'éducation de leurs enfants et dans la direction de leurs ménages amélioreront le niveau des débats politiques masculins, trop souvent empreints de stérilité ou de reproduction tacite de certaines inégalités.

Plus on relit Condorcet, plus on est frappé par son audace intellectuelle et par la modernité de ses propos. Il explique en effet cette impossibilité pour les femmes de s'inscrire dans la sphère publique par une construction idéologique masculine basée sur une série de préjugés à leur encontre. Ce pacte de domination masculine est à comparer aux mécanismes des maîtres possesseurs d'esclaves, explique-t-il. C'est la reproductibilité de ces schémas de fabrication de l'infériorité pseudo-naturelle qui a permis à la longue chaîne générationnelle des pères et des maris d'entretenir – grâce à la complicité active de l'Église – le mythe de l'infériorité de la femme ou du nègre. Il n'y a qu'une Raison, puisqu'elle est universelle. Donc la femme n'a pas moins de raison que l'homme. Mais sa raison n'a été que trop minorée, entravée par des hommes soucieux de ne pas lui donner tout ce à quoi ils avaient accès.

Condorcet dénonce donc les inégalités dont sont victimes les femmes qui, contraintes par le modèle « idéal » de la femme au foyer, se retrouvent sans aucun accès à l'éducation. À ceux qui lui objectent que l'inégalité des deux sexes doit être maintenue au nom de l'utilité publique, il rétorque dans son essai *Sur l'admission des femmes au droit de cité* : « C'est au nom de l'utilité que le commerce et l'industrie gémissent dans les chaînes, et que l'Africain reste dévoué à l'esclavage ; c'est au nom de l'utilité publique qu'on remplissait la Bastille, qu'on instituait des censeurs de livres, qu'on tenait la procédure secrète, qu'on donnait la question. »

La société nouvelle ne peut advenir si la moitié du genre humain n'est pas libérée de ses entraves séculaires. Les hommes seuls ne peuvent construire ce monde auquel chacun aspire. L'imaginer serait conclure que le sexe masculin est à l'origine du sexe féminin. « L'orgueil du fort se laisse aller aisément à croire que le faible a été formé pour lui ; mais ce n'est là ni la philosophie de la raison ni celle de la justice », écrit-il dans le *Fragment sur l'Atlantide* publié un an avant sa mort, en 1793, à la suite de son *Esquisse d'un tableau historique des progrès de l'esprit humain.*

Ce texte est débattu dans les clubs et les journaux. Il donne de l'élan et de la force à toutes ces muses de la Raison, dont parle si bien la philosophe Geneviève Fraisse, qui croient que la Révolution va entériner le droit des femmes. Des sociétés patriotiques de citoyennes se créent. Des cercles, comme celui des Amies de la Vérité, démontrent les capacités juridiques et la force de proposition politique des femmes. En juillet 1791, Olympe de Gouges publie son manifeste, la *Déclaration des droits de la femme et de la citoyenne,* joyau de densité et d'argumentation, de beauté et de force de conviction. Elle non plus ne réussira pas à convaincre ses contemporains. On connaît sa fin tragique : elle sera guillotinée en 1793, à quarante-cinq ans. *Le Moniteur* écrira le lendemain de sa mort : « Elle voulut être homme d'État, et il semble que la loi ait puni cette conspiratrice d'avoir oublié les vertus qui conviennent à son sexe. »

Sous la Terreur, Condorcet, lui, vit caché. Dénoncé, harcelé, isolé, coupé de sa femme, réduit à l'état de vagabond, il est finalement arrêté à Clamart, deux jours après avoir fui Paris, le 27 mars 1794. Sachant qu'il serait mené à la guillotine place de la Révolution, il se fait passer pour un autre. Il est retrouvé mort le surlendemain dans sa cellule et est enterré dans la fosse commune sous le nom de Pierre Simon.

Sophie lui survit. À Bonaparte qui lui dira plus tard : « Madame, je n'aime pas que les femmes se mêlent de politique », elle répondra : « Vous avez raison, général, mais dans un pays où on leur coupe la tête, il est naturel qu'elles aient envie de savoir pourquoi. » Selon madame de Staël, qui rapporte ces propos dans ses *Considérations sur les principaux événements de la Révolution française* (publiées de manière posthume en 1818), Bonaparte ne sut quoi répliquer.

Après sa mort, l'étincelle Condorcet ne s'éteint pas, notamment grâce à la continuité des salons. Impossible, ici, de ne pas évoquer la figure de madame de Staël, tant l'histoire de cette femme est entièrement fondée sur son appétit de savoir. Élevée par une mère qui voulait faire d'elle une exception, elle a, dès l'âge de cinq ans, le rôle d'attraction mondaine. Sainte-Beuve raconte qu'elle avait sa place sur un tabouret de bois près de sa mère et faisait la conversation avec Grimm, Gibbon, Marmontel. Ils se plaisaient à l'entourer et à la provoquer de questions et ne la prenaient jamais en défaut. Devenue épouse, elle rompt avec l'image traditionnelle que l'époque s'en fait et vit au gré de ses désirs. Elle veut publier et devenir célèbre. En 1800 paraît son opus *De la littérature considérée dans ses rapports avec les institutions sociales,* où elle affirme : « Les progrès de la littérature, c'est-à-dire le perfectionnement de l'art de penser et de s'exprimer, sont nécessaires à l'établissement et à la conservation de la liberté. Il est évident que les lumières sont d'autant plus indispensables dans un pays, que tous les citoyens qui l'habitent ont une part plus immédiate à l'action du gouvernement. »

La littérature comme instrument de combat pour obtenir l'égalité politique, principe inhérent à toute conception philosophique, est pour elle absolument primordiale.

L'art d'écrire constitue aussi une arme, et la parole une action. Les femmes doivent, grâce à leurs écrits, jouer un rôle prépondérant.

Madame de Staël s'insurge contre le coup d'arrêt que les femmes de lettres subissent pendant et après la Révolution. Selon elle, les révolutionnaires ont voulu les réduire à leur plus absurde médiocrité. Résultat : la morale et le bonheur du pays y ont perdu. « Si la situation des femmes est très imparfaite dans l'ordre civil, c'est à l'amélioration de leur sort, et non à la dégradation de leur esprit, qu'il faut travailler. Il est utile aux lumières et au bonheur de la société que les femmes développent avec soin leur esprit et leur raison. »

L'auteure de *Corinne ou l'Italie* (1807) et *De l'Allemagne* (écrit en 1810) continue sa lutte au château de Coppet, sur les bords du lac Léman, où Napoléon, maître de la censure, misogyne, l'avait contrainte à s'exiler. Dans son ouvrage posthume, *Dix années d'exil*, elle écrira : « Ce qui caractérise le gouvernement de Bonaparte, c'est un mépris profond pour toutes les richesses intellectuelles de la nature humaine. »

4

AU XIXe SIÈCLE, LES UTOPISTES CONTRE LES CONSERVATEURS

En ce début de XIXe siècle, la parole de contestation des femmes, qui s'alimente à leur éducation dans les milieux les plus aisés, s'affirme de manière de plus en plus éclatante. Dans les clubs, elles continuent à s'assembler en secret, à lutter contre le code Bonaparte qui consacre à nouveau leur infériorité morale, intellectuelle, sexuelle. Nombreuses sont ces femmes qui, dans les salons, s'attachent à maintenir la possibilité d'être des citoyennes à part entière. Citoyennes de l'âme, elles ne cessent de produire des propositions de loi et d'écrire des libelles pour appeler à une société nouvelle.

Leurs ambitions et leurs désirs sont relayés par des hommes inventeurs de contre-sociétés, qui placent la femme au rang d'Être suprême. On ne dira jamais assez combien fut importante la contribution de ceux qu'on appelle les « utopistes » à la lutte pour l'émancipation des femmes, que l'on nommera plus tard le féminisme. Ils sont bien oubliés aujourd'hui, les Saint-Simon, Cabet, Fourier et Owen qui ont su redonner à la femme toute son importance dans une société... rêvée.

C'est également à cette époque que l'histoire du féminisme s'ouvre à d'autres femmes que celles de l'aristocratie et de la haute bourgeoisie. La possibilité est enfin donnée aux femmes du peuple de s'inscrire dans cette lutte. Déjà, dès l'aube de la révolution de 1789, elles s'étaient montrées aux avant-postes, et nous savons, grâce aux travaux d'Arlette Farge, combien l'esprit de rébellion, de fronde, de transgression les animait et combien leur rôle fut actif dans la sphère publique et au sein des ménages. Grâce à ces penseurs utopistes, dès la révolution de 1830, on va pouvoir imaginer, à l'aube de la société industrielle, une autre société où les femmes de la classe populaire vont pouvoir entrer dans la grande Histoire.

On le constate, à chaque fois que le pouvoir vacille et que les prémices d'une révolution surgissent, les femmes entrent en lice pour réclamer leurs droits.

C'est sans doute par leur inscription dans le monde du travail depuis le XVIIIe siècle – ce qui suppose le lien social, la mixité, la compréhension de l'espace public – qu'elles ont pu le mieux lutter pour faire reconnaître leur égalité.

En 1848, les femmes issues des mouvements réformateurs et utopistes, qui, pour certaines, ont choisi de vivre en communauté où sexe, argent, pouvoir étaient redistribués pour s'opposer aux normes sociales en vigueur, s'allient avec des femmes de la bourgeoisie cultivée, engagées dans la défense de leur affranchissement. Ces deux courants du féminisme vont contribuer à fonder un journal, *La Voix des femmes*, dirigé par Eugénie Niboyet, et qui aura pour mission de demander – à nouveau – la citoyenneté et l'égalité.

Il est impressionnant aujourd'hui de lire, à la bibliothèque de l'Arsenal, ce journal quotidien, socialiste, politique, organe des intérêts de toutes et entièrement rédigé et distribué par des femmes. Voici le premier éditorial : « *La Voix des femmes* est la seule tribune sérieuse qui leur soit ouverte. Leurs intérêts moraux, intellectuels et matériels y seront franchement soutenus et, dans ce but, nous faisons appel aux sympathies de toutes. Non seulement nous publierons un journal mais nous formerons pour les femmes une bibliothèque d'instruction pratique. Nous ouvrirons des cours publics, nous constituerons une association et, par l'ensemble de nos efforts, nous viendrons en aide au pays comme à la famille. »

Le succès est inespéré, et le siège du journal devient un club de discussion ouvert à toutes les influences des grands utopistes de l'époque (Charles Fourier, Robert Owen ou encore le comte de Saint-Simon) même si son point d'ancrage politique demeure le soutien inconditionnel à la République que ces femmes veulent pérenniser. Les pensées de Charles Fourier (1772-1837) – dont le modèle idéal de société repose entre autres sur un refus du mariage et de « l'esclavage du sexe faible » – nourrissent notamment ces discussions. Le mariage est chez Fourier cette institution honnie, vaste marché où les hommes viennent puiser les meilleures denrées, non sans un odieux marchandage auquel les femmes sont bien obligées de se prêter. « La jeune fille n'est-elle pas une marchandise exposée en vente à qui veut en négocier l'acquisition et la propriété exclusive ? Le consentement qu'elle donne au lien conjugal n'est-il pas dérisoire, et forcé par la tyrannie des préjugés qui l'obsèdent dès son enfance ? » écrit-il dans sa *Théorie des quatre mouvements et des destinées générales* (1808). Pas de place, dans ce système contre nature, pour une véritable jouissance sexuelle des femmes, qu'il s'agit donc de retrouver à travers le projet de société porté par Fourier.

Et l'utopiste de faire de l'avancement de la condition féminine l'étalon sur lequel peut être mesuré l'avancement de la société dans son ensemble : « En résumé, *l'extension des privilèges des femmes est le principe général de tous progrès sociaux.* »

Inutile de dire que de tels raisonnements et l'émergence de la parole des femmes perturbent certains hommes, y compris des révolutionnaires. Certains évoquent avec effroi « ces gynécées émancipateurs », parlent « d'anges femelles du socialisme » et de la multiplication de « Jeanne d'Arc aux bas bleus »... Parmi eux, Charles Hugo s'écrie dans le journal *La Liberté* : « Les réunions de femmes avaient eu jusqu'ici trois noms : la maison, le bal et l'église ; on vient de leur en appliquer un quatrième... le club ! À la maison les femmes étaient pures, au bal belles, à l'église saintes ; mais au foyer, au bal, à l'église elles étaient femmes. [...] Le moment est venu, plus que jamais, que les femmes se taisent. »

Le temps de la peur commence : « Si nos compagnes se mêlent de politique, qui donc raccommodera nos vêtements, mettra le potage au feu et lavera la vaisselle ? Si elles vont prendre au club une recrudescence d'humeur causante, comment, à leur retour, tiendrons-nous au logis ? » écrit également dans *La Liberté* un homme si courageux qu'il prend pour pseudonyme... Démocrite.

Anticipant de cent vingt ans ce qui se passera à l'aube du MLF, des femmes vont alors constituer des groupes de parole exclusivement réservés aux femmes. Elles s'aperçoivent qu'entre femmes seulement elles s'expriment différemment.

Vient alors le temps de la haine. Des hommes viennent perturber des échanges entre femmes dans les clubs, éteignant les bougies en pleine réunion, poursuivant, à la sortie, les clubistes pour les attaquer. Évidemment, ces clubs de femmes sont interdits. Cela n'empêchera pas les femmes de continuer à lutter. Elles sont reçues par Louis Blanc, député sous la IIIe République. Lamartine, alors député lui aussi, les écoutera. Pourtant, lorsqu'il proclamera le suffrage dit universel, universel signifiera, de nouveau, exclusivement masculin...

George Sand, l'amie de Barbès, Guizot, Bakounine et Lamartine, joue alors un rôle central. Celle qui avait masculinisé son prénom et s'habillait comme un homme, celle que Geoffroy de Saint-Hilaire traita de « méprise tératologique que la nature a faite à l'autre sexe », se retrouve sur le devant de la scène politique. En 1848, George Sand a alors presque quarante-cinq ans et la révolution la transforme : « J'ai passé bien des nuits sans dormir, bien des jours sans m'asseoir. On est fou, on est ivre, on est heureux de s'être endormi dans la fange et de se réveiller dans les cieux. Tous mes maux physiques, toutes mes douleurs personnelles sont oubliés. Je vis, je suis forte, je suis active. Je n'ai plus que vingt ans. »

George Sand deviendra, comme le dira Tocqueville « une manière d'homme politique ». Une femme-homme politique qui s'adresse au peuple qu'elle sanctifie et à qui elle envoie des lettres pour louer sa probité et vanter son intelligence. Portée par le communalisme sans faille de Pierre Leroux, elle juge, dès son arrivée à Paris, le gouvernement provisoire composé « d'hommes excellents pour la plupart mais tous un peu incomplets et insuffisants ». Elle décide donc de les aider. À son fils, nouveau maire de Nohant, elle écrit en mars 1848 : « Me voilà déjà occupée comme un homme d'État. J'ai fait deux circulaires pour aujourd'hui, une pour le ministère de l'Instruction publique, une pour le ministère de l'Intérieur. Ce qui m'amuse c'est que tout cela s'adresse aux maires et que tu vas recevoir, par la voie officielle, des instructions de ta mère. »

Le rôle de George Sand est prépondérant dans l'histoire des femmes. En 1848, elle est alors au faîte de sa célébrité, qu'elle a mise au service de la lutte pour un monde sans classes où le peuple, qu'elle appelle « la race magnanime », doit gérer le politique. Elle a écarté, de manière un peu méprisante, la proposition de *La Voix des femmes* de se présenter comme députée, car elle pense que les femmes ne sont pas encore assez éduquées pour tenir leur rang dans la sphère publique. George Sand est une féministe réformiste : pour elle, l'émancipation du sexe féminin doit se faire par étapes et non à l'arraché, en des occasions où le corps politique se délite. Elle agit pourtant comme une femme politique, occupant une place importante, ne cessant jamais d'apostropher les gouvernants pour réclamer plus de justice et d'équité, sur

un ton d'un romantisme échevelé. Elle incarne, avec droiture, courage et loyauté, l'idée que l'avenir de notre société est la République et que seul le communisme peut la sauver. Le vrai communisme, car il en existe un faux, violent et destructeur. Le véritable est le communisme primitif qu'elle ira défendre en manifestant aux côtés de Barbès.

Prophète, elle fut la première à voir les symptômes du coup d'arrêt de la révolution. Après l'échec de Barbès, elle se retire à Nohant, tout en continuant, par l'écriture d'articles, à faire de la politique. Dans son Berry si pacifique, chaque jour des gens passent devant chez elle pour hurler : « Mort aux communistes ! », « À bas Madame Dudevant ! » Ledru-Rollin, après l'avoir congédiée, crut bon de souligner « qu'elle avait fait l'importante auprès du berceau de la jeune république ». De Nohant, elle écrit : « À Paris on est factieux dès qu'on est socialiste. En province on est communiste – aujourd'hui on dit anarchiste – dès qu'on est républicain, et si par hasard on est républicain socialiste, oh ! alors, on boit du sang humain, on tue les petits enfants, on bat sa femme, on est banqueroutier, ivrogne, voleur et on risque d'être assassiné au coin d'un bois par un paysan qui vous croit enragé, parce que son bourgeois ou son curé lui ont fait la leçon. »

George a raison. La répression s'abat, écrasant le peuple, enfermant, de nouveau, la femme dans la sphère privée. Nombreuses furent les féministes révolutionnaires à payer chèrement leur tribut à la cause de l'émancipation des femmes. Parmi elles, Pauline Roland, emprisonnée pour avoir pris part à l'insurrection des journées de juin 1848 et qui mourra, le 16 décembre 1852, dans un état de dénuement et de solitude extrêmes. En hommage à cette grande féministe encore aujourd'hui trop méconnue, Victor Hugo écrit ce poème, « Les martyres » :

« Ces femmes qu'on envoie aux lointaines bastilles,
Peuple, ce sont tes sœurs, tes mères et tes filles !
Ô peuple, leur forfait, c'est de t'avoir aimé !
Paris sanglant, courbé, sinistre, inanimé,
Voit ces horreurs et garde un silence farouche. »

Si l'on raisonne en termes d'appartenance politique, force est de constater qu'historiquement les républicains et les socialistes ont plus tenté d'accompagner les luttes des femmes que les conservateurs, soucieux de les laisser enfermées dans leur rôle de mères gardiennes du foyer.

N'oublions pas pour autant l'existence de quelques réactionnaires socialistes d'envergure résolument antiféministe, tel Proudhon, se posant en 1848 comme seul théoricien du socialisme et le définissant ainsi : « Le socialisme n'est pas seulement venu pour restaurer le travail ; il est venu aussi pour réhabiliter le ménage, sanctuaire de la famille, symbole de l'union matrimoniale. » L'égalité entre les sexes est pour lui un sophisme que repoussent « la conscience humaine » et « la nature des choses ». Ah, la nature... qui n'appartient et ne revient qu'à la femme, ne lui permettant que d'être « ménagère ou courtisane » : « L'idéal de l'homme, c'est la cité ; l'idéal de la femme, c'est la demeure domestique. » Proudhon affirme que la femme ne cherche pas à s'émanciper de l'homme mais du despotisme capitaliste... Ruse de socialiste qui sera maintes fois répétée. À l'occasion de la candidature d'une femme aux élections législatives, il écrit dans le journal *Le Peuple*, en 1851 :

> « Nous ne comprenons pas plus une femme législateur qu'un homme nourrice. »

Quels sont donc les organes propres à la fonction du législateur ? lui répondra la socialiste Jeanne Deroin.

Jusqu'à la fin de sa vie, Proudhon continue à jeter le discrédit sur le féminisme. Il traite le saint-simonisme de « pourriture » dans son texte *La Pornocratie ou les Femmes dans les temps modernes* (1875), le communisme de « pédérastique » et George Sand de « fille du marquis de Sade, digne de pourrir le reste de ses jours à Saint-Lazare ». En lui, racisme et sexisme se confondent déjà. C'est la période où on soupèse et mesure le cerveau de la femme en le trouvant plus petit et moins lourd que celui de l'homme, où des gynécologues affirment que, par essence, la nature de la femme est d'être blessée puisqu'elle est soumise, mensuellement, aux hémorragies, et où Michelet, l'auteur pourtant de l'admirable livre *La Sorcière*, prétend que la femme est certes une personne mais une personne malade et qu'il ne faut donc pas lui appliquer une égalité de justice. Il existe en elle une part de fatalité due à son essence de femme qui lui ôte son libre arbitre.

5

LES PENSEURS DE LA IIIe RÉPUBLIQUE

L'histoire des femmes bégaie. Le féminisme va s'affranchir d'un certain type de socialisme. Et les femmes vont prendre, sans tuteurs devant l'Éternel, leur destin en main. À partir de la IIIe République, les associations féministes vont se multiplier et s'organiser. Des journaux de femmes vont relayer et amplifier leurs luttes. Plus d'une centaine vont être créés entre 1880 et 1914. *La Fronde* est le plus célèbre. Fondé par Marguerite Durand, il prendra aussi, dès le début, fait et cause pour Dreyfus.

Ces journaux sont notamment influencés par la pensée du Britannique John Stuart Mill (1806-1873) qui résida longtemps en France, en Avignon. Plus souvent connu comme le père de l'utilitarisme, John Stuart Mill est également l'un des pionniers de la cause des femmes en Grande-Bretagne, et un ardent défenseur du suffrage féminin en particulier. Il publie en 1869 son grand texte sur la question, *L'Asservissement des femmes*, dont les objectifs sont, dès les premières lignes, très clairement exposés : Mill veut montrer que « le principe qui régule les relations sociales actuelles entre les deux sexes – soit la subordination légale d'un sexe à l'autre – est intrinsèquement erroné » et qu'il est « l'un des principaux obstacles à l'avancement de l'espèce humaine ». Pour Mill, il faut substituer à ce système inégalitaire « un principe d'égalité parfaite, qui n'admette ni pouvoir ou privilège d'un côté, ni infériorisation de l'autre ». Dans ses écrits, il explique que l'asservissement des femmes n'est rien d'autre qu'une forme d'esclavage consentie par la loi ; la seule forme, en vérité, qui perdure dans la société occidentale moderne. On retrouve dans *L'Asservissement des femmes* toute la philosophie politique de Mill, appliquée au champ de l'égalité des sexes : le souci de la justice et des libertés individuelles, le rôle fondamental donné au politique, et la foi dans le progrès humain se mêlent dans une défense magistrale de la condition féminine. Il s'agit là d'un texte fondateur.

Il faut dire que les femmes ne défendent pas que les femmes. Les féministes n'ont jamais envisagé de ne pas être sur le front des causes démocratiques, mais il leur faudra batailler dur pour que la transformation du statut social des femmes soit entérinée juridiquement : ce n'est qu'en 1907 que la femme peut percevoir son salaire. Auparavant c'était le mari qui avait complète autorité sur la gestion de ses biens. Et ce n'est qu'à l'aube des années 1920 que les femmes obtiennent le droit de travailler sans l'autorisation du mari. Les mariages dits « arrangés » sont légion. La dissociation entre la maman et la putain, inaugurée lors de l'avènement de la bourgeoisie, s'accompagne d'une multiplication des maisons closes qui perdure encore jusqu'à leur interdiction en 1946. Une femme, c'est une mère. Elle doit donc faire des enfants et, pour cette tâche qui lui est dévolue, n'a pas besoin d'accéder à la jouissance, jugée tant par les médecins que par les moralistes mystérieuse, dangereuse, improductive. Dans les traités anatomiques, l'utérus est amplement décrit comme une bourse renversée – analogon du sexe masculin intériorisé –, mais le clitoris n'est que très rarement évoqué...

Il faut donc imaginer le courage dont fait preuve Léon Blum lorsqu'il publie, en 1907, son livre *Du mariage*. Il y affirme que pour les femmes le mariage n'est que dégoût, mauvais ragoût et champ de ruines... Il se situe dans la droite ligne de la *Physiologie du mariage* (1829) de Balzac qui affirme : « Combien d'orangs !... d'hommes, veux-je dire, se marient sans savoir ce qu'est une femme ! » Balzac compare en effet le comportement amoureux des Français à l'attitude d'un singe qui, s'emparant d'un violon et n'arrivant pas à en tirer le moindre son, décide de le briser !

Léon Blum prolonge et approfondit les réflexions balzaciennes sur l'inexpérience sexuelle des hommes en plaidant pour la conquête, par les femmes, de leur propre désir : connaissance de son corps, de ses appétits, recherche de son plaisir avec des amants avant le mariage. L'inégalité dans l'apprentissage de son propre sexe conduit à l'infidélité et au désastre social. Comment accepter que huit hommes sur dix soient « passés » par une prostituée avant de convoler et que la plupart des promises soient des oies blanches le soir de leur nuit de noces ? Il faut empêcher cette « désharmonie du mariage », en permettant aux femmes de pouvoir profiter de leurs capacités érotiques. Elles aussi ont envie de jeter leur gourme ; il faut d'abord aimer avant de se marier :

« S'aimer simplement si l'on s'aime, sans vivre ensemble, sans tenter d'autre risque que celui de l'amour [...]. Mêler librement les corps qui se souhaitent, les cœurs qui s'attirent »...

et ne parvenir à ce qu'il nomme « l'état de mariage » qu'à égalité de connaissance de son propre corps, de ses propres désirs. La liberté amoureuse de la femme s'accompagne du développement de sa propre liberté, qui ne peut qu'enrichir l'humus social : libre d'aimer, libre d'exister, libre de travailler. L'avancement de notre société passe par une libération des mœurs qui pose comme condition l'affranchissement des femmes : « On ne peut encore saisir dans toute leur diversité les problèmes que posera la libération progressive des femmes. Autant que j'en puis juger, le mouvement révolutionnaire qui doit affranchir leur sexe est presque achevé. Presque toutes les barrières qui contenaient leur liberté sont abattues. Mais si l'œuvre négative est à peu près achevée, le travail de reconstruction commence à peine. Elles sont dans l'état de trouble étrange où se sont toujours trouvés les peuples au lendemain des révolutions. On s'aperçoit qu'on est libre, mais que faire de la liberté ? »

Blum croyait, avec raison, que l'éducation serait l'un des principaux moteurs de cette révolution. Il est vrai qu'en 1939 27 % des étudiants sont des filles. Simone de Beauvoir passe son agrégation de philosophie en 1929 et Simone Weil en 1931. Mais le régime de Vichy met un coup d'arrêt à cet envol en réprimant l'éducation des filles et en ramenant les femmes à leur foyer. Après la Libération, les femmes ont le droit de voter mais n'obtiennent pas pour autant la possibilité d'être réellement éligibles. Toujours et encore ce soupçon ancien et vénéneux d'illégitimité.

6

HOMMES ET FEMMES DANS LE MOUVEMENT DES FEMMES

« Nous qui sommes sans passé, les femmes, Nous qui sommes sans histoire », allions-nous chanter sur les marchés en 1969-1970, nous interrompant pour distribuer des tracts et crier, à l'unisson, en regardant les femmes à leur fenêtre intriguées de tant de raffut : « Les femmes dans la rue, pas dans la cuisine. » Quelquefois, l'une d'elles descendait. Le « menstruel » *Le torchon brûle* incitait les femmes à prendre la parole. À l'intérieur du Mouvement de libération des femmes (MLF), des groupes de parole se constituaient par affinités et par thématiques. Ils étaient féminins. J'ai eu la chance de vivre et de participer à cette étrange expérience de réaliser que l'« entre femmes » existait. C'était la première fois pour moi comme pour beaucoup d'entre nous. Notre existence est régie par et dans la mixité. Lorsque la non-mixité est choisie et décidée – à l'inverse de ce qu'il se passe dans la relation mère/fille, ou entre sœurs –, il n'advient pas les mêmes choses. Là, quelque chose se créait, se délivrait, l'une encourageait l'autre et un cheminement collectif s'opérait bientôt. Nous travaillions sur la maternité, l'homosexualité, la violence, la prostitution. Il fallait commencer par là, cette façon de parler de soi. Cette volonté de nous écouter, de nous découvrir, constituait une sorte de socle fondateur de notre mouvement, avant d'engager des combats qui prirent naissance dans cette libération de la parole qui était aussi – et demeure – une conquête et une réappropriation de soi-même.

Nous, les femmes de l'après 1968, nous recommencions, sans le savoir, à faire ce que les femmes de 1848 avaient accompli en s'opposant à leurs frères révolutionnaires, réussissant ainsi à faire émerger insensiblement le féminisme non seulement comme mouvement mais aussi comme doctrine.

Le mouvement des femmes est un perpétuel recommencement. À chaque fois qu'il renaît, il part de zéro et doit trouver, en son sein, ses propres forces. Il ne s'appuie pas sur une *doxa*, il ne se réfère pas à des textes fondateurs, il ne fait pas appel à des figures tutélaires comme tant d'autres mouvements. La cause en est que l'histoire des femmes est peu enseignée à l'école et très peu encore à l'université en France – contrairement à d'autres pays comme les États-Unis, où des chaires existent depuis deux décennies.

Pourquoi ? Pourquoi, dans tant de cours d'histoire de la politique, les femmes qui ont contribué à façonner notre histoire sont-elles à peine mentionnées, quand elles ne sont pas – purement et simplement – zappées ? Serions-nous encore un pays machiste où l'enclos socialisé du politique est si érotisé et érotisant que les hommes continuent à en être les uniques ordonnateurs, même s'ils daignent, depuis peu – et quotas obligent –, faire semblant d'accepter quelques-unes d'entre nous ?

Je crois que notre république est toujours empreinte d'une certaine forme de monarchisme déguisé ainsi que d'une centralisation excessive asphyxiant *de facto* l'espace et la place qui, naturellement, devraient revenir aux femmes dans les responsabilités politiques, sociales mais aussi artistiques.

Bien sûr nous avons eu de grandes victoires. Mais chacun de ces droits a été conquis lors de batailles homériques tant chaque conquête menaçait le corps social. Rappelons que le droit de vote, accordé par le gouvernement d'Alger, a été précédé par de multiples lois, dès mars 1944, adoptées par la Chambre des députés mais rejetées par le Sénat, et ce, malgré de nombreuses manifestations de femmes. N'oublions pas qu'à cette période les radicaux contestent ce qui est enfin devenu un droit et que les partis de gauche demeurent méfiants tant ils sont persuadés que les femmes – composant la majorité du corps électoral – resteraient sous l'influence de l'Église. Soulignons aussi que les premières à obtenir le droit de vote sont les Australiennes en 1902 puis les Finlandaises en 1906, les Norvégiennes en 1913, les Anglaises en 1918, les Belges et Néerlandaises en 1919, et les Américaines en 1920. Nous avions donc quelque temps de retard en France...

Néanmoins, en 1967, le député Lucien Neuwirth fait adopter par l'Assemblée nationale la loi pour l'accès à la pilule contraceptive. Cette nouvelle loi abroge ainsi la loi du 31 juillet 1920 qui interdisait toute forme de contraception en France ainsi que l'accès à l'information. N'oublions pas non plus cette autre grande bataille, menée par Simone Veil, alors ministre de la Santé du gouvernement Chirac sous la présidence de Valéry Giscard d'Estaing. Nous sommes en 1975 et, enfin, l'avortement est dépénalisé et l'interruption volontaire de grossesse (IVG) encadrée légalement.

Cependant, malgré le bond fantastique, bien que tardif, des droits octroyés aux femmes depuis la Libération, nous sommes toujours très en retrait de ce que nous devrions obtenir et très en retard. Ne souffrons-nous pas encore du risque de nous faire rejeter ou moquer en ayant la sotte assurance de nous prétendre à égalité avec les hommes ? Comme si le modèle occidental masculin s'était imprimé en nous, possédant le droit, par essence et par nature. Serons-nous toujours et à jamais sous le pouvoir et sous la domination des hommes ? La ségrégation des femmes fait-elle partie des rituels d'une société qui ne peut se délier de l'archaïsme le plus profond ? En 1938, Virginia Woolf en appelle dans *Trois guinées* à une révolution magique et symbolique pour nous sortir des fers et enfers ancestraux d'une servitude qui fut quelquefois volontaire, tant elle semblait, par essence, naturelle. Et si nous étions des entités complètes, universelles ? Et non pas des moitiés de, mère de, femme de, fille de ?

Pouvons-nous nous défaire, femmes comme hommes, des schémas inconscients de perception et d'appréhension de nous-mêmes en tant qu'êtres sexués, faire un saut de nature psychique et quasi métaphysique pour nous penser en dehors de cette opposition masculin/féminin ? Pouvons-nous faire disparaître cette construction sociale naturalisée qui nous emmure depuis des siècles ?

C'est une recherche, un travail, une stratégie aussi à entreprendre, qui fut nourrie en 1998 par l'étude de Pierre Bourdieu, *La Domination masculine*. À la croisée du travail anthropologique et sociologique, ce texte dénonce cette domination dans tous les espaces sociaux et les différents champs symboliques. D'abord et déjà dans la langue, où le masculin est neutre, non marqué, allant de soi, et s'oppose au féminin, qui doit être explicitement caractérisé. Cette structure de la domination masculine constitue le principe ultime des relations de domination régissant les rapports, tant dans l'espace public que dans la sphère privée.

Comment donc s'en sortir ? Bourdieu en appelle au dépérissement progressif de la domination masculine, qui passe selon lui par l'introduction de plus en plus massive des femmes dans l'enseignement supérieur, tout en demandant aux féministes d'élargir leur lutte à d'autres catégories sociales que la leur...

7

CE N'EST QU'UN DÉBUT : CONTINUONS LE COMBAT !

Trop bourgeois, le féminisme ? Pas vraiment. Car il se diversifie, s'élargit, se rajeunit et se transforme en renouvelant ses thèmes politiques et ses manières de lutter, mais aussi en prenant en charge ces nouvelles manières de ne pas se penser toujours et avant tout comme faisant partie d'un sexe.

Le « nous les femmes » que nous scandions dans toutes les manifestations n'est plus une évidence, et des femmes, au nom du féminisme, le récusent. Pour lutter, ces féministes opèrent une révolution mentale, psychique et politique en refusant d'être encloses, identifiées, désignées, traitées comme des femmes. Elles déplacent ainsi symboliquement mais aussi intellectuellement notre manière de penser et d'agir, non en termes de lutte de classe mais de genre.

Dès 1990, la philosophe américaine Judith Butler examine dans son ouvrage *Trouble dans le genre* les idées reçues sur la masculinité et la féminité et déconstruit notre ontologie sexuelle. Elle propose une nouvelle éthique de la sexualité, prenant en compte les nouveaux acquis de la science et les désirs de certaines femmes de vivre une sexualité sans hommes. Butler écrit un livre féministe qui s'attaque à un certain féminisme qu'elle juge trop « androcentré » et trop hétérosexuel. L'hétérosexualité s'accompagne, en effet, d'une intégration intellectuelle de la domination. Il ne faut pas limiter les significations du genre à des idées reçues sur la féminité et la masculinité mais accepter l'illimité dans son propre sexe. Ce faisant, Judith Butler opère une rupture épistémologique dans notre manière de voir et de comprendre le rapport entre et à l'intérieur de chaque sexe. Elle ouvre ce qu'elle appelle « le champ des possibles ». Autonomiser le sexe par rapport au genre, penser et inclure les pratiques minoritaires, se placer hors de la norme... Butler affole le genre, sème le trouble au cœur de la féminité qui n'est pas consubstantiellement liée à l'hétérosexualité et nous permet de penser ce qui, depuis une décennie, est devenu pensable, envisageable, vivable (dans certains pays tout au moins) : l'homoparentalité, le mariage gay, la transsexualité.

« Quand et pourquoi, par exemple, quand elles deviennent parentes, certaines lesbiennes *butch* deviennent-elles des "papas" et d'autres des "mamans" ? » se demande Butler. Bonne question qui fait écho à des situations qui deviennent de plus en plus fréquentes et qui, dans quelques décennies, deviendront peut-être la norme. La question qui se pose aujourd'hui est donc : qu'est-ce qu'une femme ? Un homme qui se travestit en femme est-il une femme ? Un garçon qui se fait opérer pour appartenir à l'autre sexe est-il une femme ? Une femme qui, pour plaire à sa compagne, se déguise en homme, est-elle une femme ?

On le voit : à chaque fois qu'on touche à la distinction des deux sexes, on affole le genre, on crée le trouble et on crie au grand méchant loup. Le *no sex model* qui entraînerait dans cette confusion le mélange des sexes aboutirait-il à la déconstruction du fonctionnement social ? Au cœur du sociétal perdure en effet la peur du travestissement, de l'opacité, de l'impureté sexuelle. Préjugés et résistances conservatrices subsistent. À la fin de l'été 2011, quatre-vingt députés UMP remettent la question du genre en débat, exigeant le retrait des manuels scolaires de SVT de première qui expliquent l'identité sexuelle des individus par le sexe biologique et par le contexte socioculturel.

De même, pourquoi aujourd'hui encore tant de violences contre l'homosexualité, toujours jugée comme déviance, voire comme maladie ? Pourquoi aujourd'hui encore tant de haine administrée impunément à celles et ceux qui aiment l'une ou l'un du même sexe ? Les déclarations abondent de la part du personnel politique français qu'il soit masculin ou féminin, certain-e-s osant comparer le mariage gay à l'union avec un animal...

N'oublions pas que la naissance du MLF a été immédiatement précédée par celle du Front homosexuel d'action révolutionnaire (FHAR), dont l'existence reposait sur la revendication de la liberté sexuelle de tout individu. L'apport des hommes gays aux luttes féministes a été crucial et mérite d'être souligné. Je n'oublie pas ici tout ce que nous devons à la pensée et aux actions de celles et ceux qui ont appartenu à ce mouvement, et notamment aux livres de Guy Hocquenghem.

Il existe bel et bien une sororité entre la lutte féministe et la reconnaissance et défense de l'homosexualité, et ce lien, loin d'être amené à disparaître, n'a fait que se renforcer intellectuellement et théoriquement ces dernières années avec la progression des idées venues des États-Unis, des *gender studies*. En prônant de ne plus encager la femme dans son sexe, Judith Butler a trouvé un nouvel angle pour défendre les femmes.

Au moment où la disjonction entre maternité et féminité est entérinée, où l'homosexualité s'officialise juridiquement dans certains pays (hélas pas encore le nôtre), où le travestissement devient une forme d'incarnation d'une identité qui n'a pas été donnée à la naissance, on peut se dire qu'on est dans un « entre-deux » où le masculin commence à vaciller et où le féminin continue à se chercher.

Ne faudrait-il pas revendiquer que chacun d'entre nous possède les deux parts, peut appartenir aux deux genres, et que la recherche de l'accomplissement de la jouissance sexuelle constitue un élément fondamental de notre identité ?

Arrêtons de parler de normalité pour nous situer en termes d'humanité et de vivre ensemble dans un monde où – le jour viendra – la domination masculine cédera. Voilà pourquoi, plus que jamais, nous devons continuer à lutter ensemble, féminin et masculin mêlés. Nous l'avons vu, les hommes ont joué leur rôle dans le mouvement féministe. Qu'ils continuent de se battre à nos côtés. Continuons à agir dans la vie de la cité pour défendre et réclamer des droits qui ne sont soit pas donnés, soit pas respectés.

Agissons pour lutter contre cette régression morale et sexuelle rampante qui, insidieusement, mine des libertés qui nous étaient acquises et qui, dans la réalité,

LES
INVITÉS

PIERRE
MICHON

La langue maternelle

C'était il y a vingt ans. Je travaillais dans une prestigieuse maison d'édition où, par définition, je recevais des manuscrits. Ils arrivaient parfois sur mon bureau accompagnés de notes de lecture. Dans ce bataillon de lecteurs anonymes, il y avait une lectrice ou un lecteur qui écrivait non des résumés, comme la plupart des autres, mais de véritables traités d'écriture : des merveilles de concision et de précision où la langue de l'écrivain ou celui qui croyait l'être était disséquée de manière poétique. J'ai tenté de savoir qui était l'auteur (dans tous les sens du terme) de ces petits chefs-d'œuvre. On m'a répondu : c'est un lecteur de province qui va bientôt publier son premier livre. J'en ai demandé le titre, et on m'a dit que cela s'appellerait *Vies minuscules*.

C'est ainsi que j'ai su le nom de mon lecteur préféré : Pierre Michon. La première lecture fut une révélation, la seconde aussi, comme la troisième. Et aujourd'hui, je peux reprendre ce texte à n'importe quelle page, il ne s'épuise pas et n'a jamais fini de livrer toutes ses possibilités. C'est peut-être aussi cela un écrivain : quelqu'un dont on peut lire et relire les textes en découvrant, à chaque lecture, de nouvelles significations.

Depuis, je ne manque aucun de ses livres : c'est comme si j'avais rendez-vous avec eux. Ce qui ne crée pas d'ailleurs de rapport de familiarité avec son œuvre, tant chaque livre est singulier dans son style, son dispositif, ses langues, les émotions et cheminements intérieurs qu'il nous offre, à nous ses lecteurs minuscules.

L.A.

Laure Adler : Vous souvenez-vous de la première fois où vous avez su que vous pourriez écrire ?

Pierre Michon : Quand j'ai écrit le premier texte des *Vies minuscules*, je me suis dit : « Ça y est, ça roule. » Je n'étais pas si jeune, j'avais trente-cinq ans. Enfin, comme beaucoup.

L.A. : Et en écrivant ces *Vies minuscules*, vous avez rendu hommage à des femmes.

P.M. : Oui, j'ai rendu hommage à ma grand-mère. À mes deux grands-mères. C'était difficile de rendre hommage à ma mère parce qu'elle était toujours vivante. Je lui ai simplement dédié le livre, sous son nom de jeune fille. Est-ce que je rends hommage à d'autres femmes ? Oui, sûrement... Je parle des femmes avec ferveur, mais est-ce que je leur rends hommage ?

L.A. : Avec ferveur, ça, c'est sûr. Et lorsque l'on découvre pour la première fois le portrait de votre mère dans les *Vies minuscules*, on ne peut qu'être bouleversé. Parce que vous parlez d'elle comme si vous, en tant qu'écrivain, vous pouviez restituer sa vie, alors qu'elle, elle ne pouvait pas, car elle ne possédait pas les mots pour le faire.

P.M. : Mais si. Elle possédait les mots pour le faire. Dans les *Vies minuscules*, je sous-valorise en fait mon objet. Aussi bien les héros que ma mère. Ma mère avait une langue extraordinaire. Elle était institutrice. Elle n'avait pas suivi un cursus plus long car elle était fille de paysans. À l'époque, surtout pour les filles, on allait jusqu'au bac, et terminé. Mais c'était une femme dont la conversation était à la fois vive et brusque, fluide, émaillée d'archaïsmes, d'une liberté superbe. Mon éditeur, Bob, m'a dit : « Tu écris comme ta mère parle. » C'est d'une justesse terrible ; je ne sais pas si cette justesse me blesse ou me comble. Je me suis dit : « Donc, quoi que je dise dans mes livres, je ne me suis pas, moi, haussé, au-dessus d'un langage de misère. » J'étais déjà dans la belle langue, qui m'a porté quand j'ai écrit. Depuis que ma mère a disparu, j'ai l'impression, mais c'est peut-être parce que je vieillis tout simplement, que je perds la langue. Puisque je l'entends de moins en moins, elle, elle qui parlait contre mon oreille. On oublie, ça fait dix ans. Ses expressions, ses tournures...

L.A. : Donc ce n'est pas pour rien qu'existe cette expression de langue maternelle. Chez vous, elle revêt une importance encore plus considérable.

P.M. : Pour moi comme pour tous ceux qui ont été élevés par des femmes. On dit « la langue maternelle » en général. Mais pour moi, la langue littéraire est vraiment maternelle. Elle s'est énoncée au féminin. Déjà, ma mère récitait beaucoup

de vers de Racine, entre autres. Et ma grand-mère, qui était une paysanne mais qui avait été jusqu'au brevet supérieur, lui emboîtait le pas. Elle aimait plutôt Hugo, ma grand-mère. Mais ces femmes aimaient déclamer. Tout à coup, changer le ton et déclamer. Non pas : « Écoutez-moi, je vais dire des vers », mais tout à coup s'arrêter, se hausser, proférer...

L.A. : On vous imagine dans la maison, entre votre mère et votre grand-mère, en train d'écouter ces deux femmes imprégnées de littérature, comme si vous étiez seul au monde, avec les mots de votre mère et de votre grand-mère.

P.M. : Les mots de mon grand-père aussi étaient importants. Il avait tout un arsenal de vocabulaire de la chasse, de la greffe des roses, du chant des oiseaux, de la cavalerie, des techniques, qu'il disait volontiers. Il parlait juste.

L.A. : Et quand vous avez publié *Vies minuscules*, vous l'avez envoyé à votre mère ?

P.M. : Je l'ai envoyé tout de suite à ma mère. Ma mère – donc, c'était en 1983, 1984 – désespérait complètement de moi. « On n'en fera jamais rien. » Même si elle ne me le disait pas. Elle ne m'a jamais rien dit de tel. Jamais. Ni à personne d'autre.

L.A. : Pourtant vous en parlez dans plusieurs de vos livres.

P.M. : Quand ce livre a été pris chez Gallimard, c'était le premier que je publiais. Ma mère m'a dit : « Tu me l'enverras, hein ? – Oui, bien sûr, bien sûr. – Parce que si tu ne me l'envoies pas, je l'achèterai. » C'était rigolo. Alors qu'il y était question d'elle et de sa vie, à son insu.

L.A. : Mais c'est rare les parents qui s'intéressent aux écrits de leurs enfants.

P.M. : Oui, peut-être. Mais, elle s'y est intéressée parce que, souvent, les écrits des enfants s'inscrivent contre la génération antérieure. Alors que moi, je me transportais dans cette génération. J'essayais de la magnifier, tout en la dévalorisant. C'est très compliqué. Et je suis sûr qu'elle a été très heureuse de ce livre. Même si on n'en a jamais parlé. Jamais. Mais il était au chevet de son lit de mort.

L.A. : Mais à chaque fois que vous étiez dans une période d'incertitude, de doute, vous retourniez chez votre mère, et elle ne vous posait jamais aucune question.

P.M. : Oui, je retournais chez ma mère, jusqu'en 1978, jusqu'à ce que j'aie trente-trois ans. J'y retournais souvent. Très souvent, dans une sorte de désespoir de ne pas pouvoir couper le cordon. Je retournais chez elle, mais je ne lui parlais pas. J'étais dans un coin, retiré, mutique. On mangeait ensemble et c'est tout. J'ai vu récemment un fait divers qui m'a bouleversé. Une vieille femme vivant seule est morte quelque part. Et on est entré pour l'enterrer. Les gens se sont dit : « Enfin, mais il y a quelqu'un d'autre. » Ils sont allés dans une pièce tout au fond, une espèce de réduit. Il y avait un mec, qui avait trente ans de moins que cette femme, qui ne s'était coupé ni les cheveux ni la barbe depuis vingt ans. Évidemment, il était un peu autiste, mais sans folie. Il avait vécu caché de tous, chez sa mère. Et je me dis parfois que si je n'avais pas écrit ce premier bouquin, peut-être que ce serait moi, ce type.

L.A. : Là-bas, quand vous retournez dans le giron maternel, on a vraiment l'impression que les angoisses peuvent s'éteindre. On a l'impression que ces retrouvailles avec vous-même passent par ce lieu-là, où elle habite.

P.M. : Oui, tout ce temps, quand je revenais par le train – il y avait en fin de trajet un autorail pour aller de Saint-Sulpice-Laurière à Guéret. Et ma gare était entre les deux, dans un patelin qui s'appelle Vieilleville. Avant de m'arrêter, je voyais du train ce village de Mourioux, où était ma mère. On voyait l'école Jules-Ferry, où elle était institutrice, en surplomb. Et j'étais dans un état d'émoi amoureux, et malheureux, je dirais. Et depuis que je l'ai mis par écrit, dans les *Vies minuscules*, j'ai perdu cet affect. Est-ce que je dois le déplorer, ou me flatter de ce travail de deuil ? Je ne sais pas. Cette espèce d'extension de la poitrine en même temps qu'une... Oui, un état amoureux que j'éprouvais, je ne l'éprouve plus. Puisque c'est écrit. Nabokov l'explique très bien : une chose qu'on a vécue – et je crois que c'est aussi un phénomène étudié en psychophysiologie – est morte une fois écrite. Le cerveau sait qu'il n'a plus besoin de la garder puisqu'il l'a écrite noir sur blanc. C'est pour cela que Proust est mort après le point final ou très peu de temps après. Sa tête était vide.

L.A. : Et qu'est devenue la maison de votre mère ?

P.M. : Ma mère n'avait pas de maison. Elle habitait dans le logement de fonction de l'école, et à sa retraite elle a loué un petit appartement qui avait l'air d'un couloir. La maison de mes grands-parents, c'est la maison des Cards dont je parle dans les *Vies minuscules*. Mais ça, c'est une maison beaucoup plus fantasmatique. C'est l'ancienne fermette que je me suis efforcé de rendre vivable.

L.A. : C'est un endroit où vous retournez régulièrement pour pouvoir, comme du temps où votre mère était vivante, vous ressourcer ?

P.M. : Pas pour me ressourcer. C'est comme un devoir. C'est comme un temple, si vous voulez. Mais un temple qui en même temps est un tombeau. Les gens qui viennent avec moi me disent : « Oh, c'est bien, on est vachement bien ici. » Pour moi, quand même, ce lieu a quelque chose d'un sanctuaire aux ancêtres. C'est une construction imaginaire. C'est un lieu littéraire plus qu'un lieu de vraie mémoire comme le patelin de Mourioux où ma mère était institutrice.

L.A. : Est-ce que de temps en temps, la voix de votre mère vous revient ?

P.M. : Très souvent. Ce n'est plus réactualisé tous les deux ou trois mois comme ça l'était avant sa mort. Mais en feuilletant mes vieux carnets, souvent je retrouve des choses qu'elle disait, notées aussitôt. Des tournures ou des expressions mi-patoisantes, mi-Grand Siècle. Je suis fait de ce qu'elle disait, elle, sans posture littéraire comme moi. C'était dans le courant du vécu. Et puis il y avait les poèmes qu'elle récitait. Des morceaux. Elle ne lisait pas des trucs en entier. Très peu de temps avant sa mort, elle disait ce poème : « Mars qui rit, malgré les averses », ça devait être Gautier...

L.A. : Votre mère est omniprésente par le langage qu'elle vous a transmis. J'imagine que publier alors qu'elle n'est plus là et qu'elle ne peut plus recevoir vos livres, ou même les acheter, ça ne doit pas être si facile pour vous.

P.M. : Oui, mais vous savez, c'est surtout le premier qui l'a atteinte. Après, il était question d'autres choses. De ma part, il y a toujours eu une autocensure pour ne pas aller trop loin du côté du matricide. J'avais peur pour elle. Vous savez, je fais de la mère de Rimbaud, comme tout le monde, une espèce de marâtre. Et à la fin, très malencontreusement, je passe à la première personne, dans un effet lyrique : « Est-ce *toi, mère* qui ne me lis pas, etc. » Ça, c'est ma prose, rhétorique et, comment dirais-je, tape-à-l'œil. Mais ma mère a pris directement pour elle cette « mère qui ne me li[t] pas ». Elle l'a dit à son amie Clémence, une amie très proche qui habitait loin, vers Toulon. Elles correspondaient trois fois par semaine. Des lettres de cinq pages. C'était sa vie... Elle disait : « J'écris à Clémence. » Et je sais qu'elle a dit à Clémence : « Mais je ne suis pas du tout comme ça, moi. Je ne vois pas pourquoi il dit ça. » Elle écrivait à Clémence. Tout le temps, tout le temps. Sur la vieille mode de la correspondance du XVIIe, elle racontait tout ce qu'elle vivait. C'était son plaisir. Je n'ai jamais su faire des lettres, au contraire d'elle. Les lettres, c'est un genre qui m'échappe.

L.A. : Vous avez toujours eu autour de vous des femmes qui vous ont protégé. Qui vous ont accompagné, y compris dans des moments où ça n'allait pas fort.

P.M. : C'est vrai que sans elles toutes, j'aurais disparu corps et biens. Mais tout cela est très duplice. Parce qu'on ressent très vite l'aide comme un poids. Et si on met fin à ce poids, un remords énorme s'installe, ce qui n'a jamais cessé en moi. Pendant toute ma vie. Est-ce qu'on se comporte bien dans la relation d'un sexe à l'autre ? Jamais.

L.A. : Je crois que c'est très difficile. En tout cas, vous, vous êtes un écrivain qui en parle. Et ils sont rares les écrivains qui en parlent...

P.M. : Je ne parle jamais de l'amour directement. Je ne sais pourquoi, je l'évite. Il y a beaucoup de choses qui sont des gonflettes érotiques, comme *Le Roi du bois* ou *La Grande Beune*. Mais c'est du désir que je parle, non de l'amour entre hommes et femmes.

L.A. : Du désir, ou du sexe, ou de la manière d'entrevoir le sexe non pas pour ce qu'il doit être, c'est-à-dire une possibilité de beauté, mais du voyeurisme. J'ai justement devant moi une page du *Roi du bois*.

> « J'entendis venir de loin une voiture lourde, à petit train ; je me cachais et me tins coi : le plein soleil frappait la route et j'étais là dans l'ombre à regarder cette route au soleil, pas plus haut que la terre, invisible. À dix pas de moi et de mes porcs dans la lumière de l'été un carrosse s'arrêta, peint, chiffré, avec des bandes d'azur ; de cette caisse armoriée jaillit une fille très parée qui riait, elle courut comme vers moi : elle m'offrit ses dents blanches, la fougue de ses yeux ; toujours riant elle se suspendit à la limite de l'ombre, résolument me tourna le dos, un interminable instant elle se campa dans ce soleil marbré de feuilles où flambèrent ses cheveux, ses jupes d'azur énorme, le blanc de ses mains et l'or de ses poignets, et quand dans un rêve ces mains se portèrent à ses jupes et les levèrent, les cuisses et les fesses prodigieuses me furent données, comme si c'était du jour, mais un jour plus épais ; brutalement tout cela s'accroupit et pissa. Je tremblais. Le jet d'or au soleil sombrement tombait, faisait un trou dans la mousse. La fille ne riait plus, tout occupée à serrer haut ses jupes et sentir d'elle s'évader cette lumière brusque ; la tête un peu penchée, inerte, elle considérait le trou que cela fait dans l'herbe. La défroque d'azur lui bouffait à la nuque, craquante, gonflée, avec extravagance offrant les reins. Dans le carrosse, dont la porte peinte battait encore un peu tant la pisseuse l'avait allégrement poussée, il y avait un homme accoudé, en pourpoint de soie défait, qui la regardait. »

(*Le Roi du bois*, éditions Verdier, 1996, p. 14-15)

P.M. : C'est un rêve de toute-puissance sexuelle. C'est tout. Et c'est un morceau de bravoure. Du côté du prince, et du côté du porcher qui regarde. Mais j'étais content d'écrire ça. Je me rappelle où j'étais à ce moment-là, dans les Pyrénées...

L.A. : Il y a beaucoup de choses dans cet extrait du *Roi du bois*. Il y a effectivement d'abord la langue. Comment inventer cette langue qui pourra dire ce moment précis qui n'a l'air de rien mais où se jouent beaucoup de choses puisqu'il y a ce garçon qui est un peu benêt en train de faire paître ses porcs. Il va tomber sur cette scène, qui est une scène érotico-maniaque.

P.M. : C'est une scène érotico-maniaque et c'est une scène destinale pour le porcher. En effet, c'est pour être à la place du prince qu'il voit dans le carrosse, qu'il va se mettre à peindre. À suivre les peintres, pour avoir un semblant de pouvoir sur la femme... Il va devenir peintre puis il va laisser tomber parce qu'il en a marre de faire des morceaux de bravoure et il a enfin compris que, pour jouir, on peut s'en passer.

L.A. : Donc on est bien d'accord que voir cette scène lui a permis d'avoir accès à un autre monde que son destin social qui était d'être porcher.

P.M. : Oui, ça lui a donné un objet de désir. On peut dire que c'est sa scène primitive, tout simplement. Dans cette scène primitive, il y a une disproportion énorme entre le statut social de la pisseuse et celui du porcher. Et le prince, qui coiffe tout ça.

L.A. : Et la pisseuse, elle est du côté de celui qui s'occupe de ses bêtes.

P.M. : Dans le fond, oui. C'est tout le contraire de *La Grande Beune*. Dans *La Grande Beune*, c'est le matriarcat des cavernes. Une déesse. Elle est intouchable, par le narrateur. Le narrateur ne peut que rester muet devant le désir pur que dégage cette femme. Il a exactement la position inverse du prince dans *Le Roi du bois*.

L.A. : Dans *Le Roi du bois*, quand cette fille vient pisser dans la nature, ce que voit ce porcher n'est pas ce que voit cet aristocrate.

P.M. : Bien sûr, mais ce que le porcher convoite, c'est le regard du prince. Il comprend qu'il y a des gens qui peuvent avoir un autre regard que le sien – c'est-à-dire complètement aplati, opprimé – sur l'objet du désir. Car la femme vaut là pour objet du désir en général. Ça pourrait être un château. Ce serait moins joli en littérature si c'était un château, vous comprenez ? L'écriture a souvent – enfin, dans certains de mes livres – partie liée avec une sorte d'érotomanie mentale pendant la rédaction. Pour *Le Roi du bois* et *La Grande Beune*, c'est le cas. Ça s'écrit comme des fantasmes. C'est-à-dire qu'à la fois, ça dévoile et crypte ce que sont mes propres fantasmes. Ça les dévoile, mais ça les change. Ça n'est jamais direct. Je ne peux pas dire : « Mon fantasme, c'est... » Je ne peux pas l'écrire à la première personne, comme j'écris à la première personne sur ma mère, sur ce qu'est ma fantasmatique. Certains le font. Et je les admire pour cela.

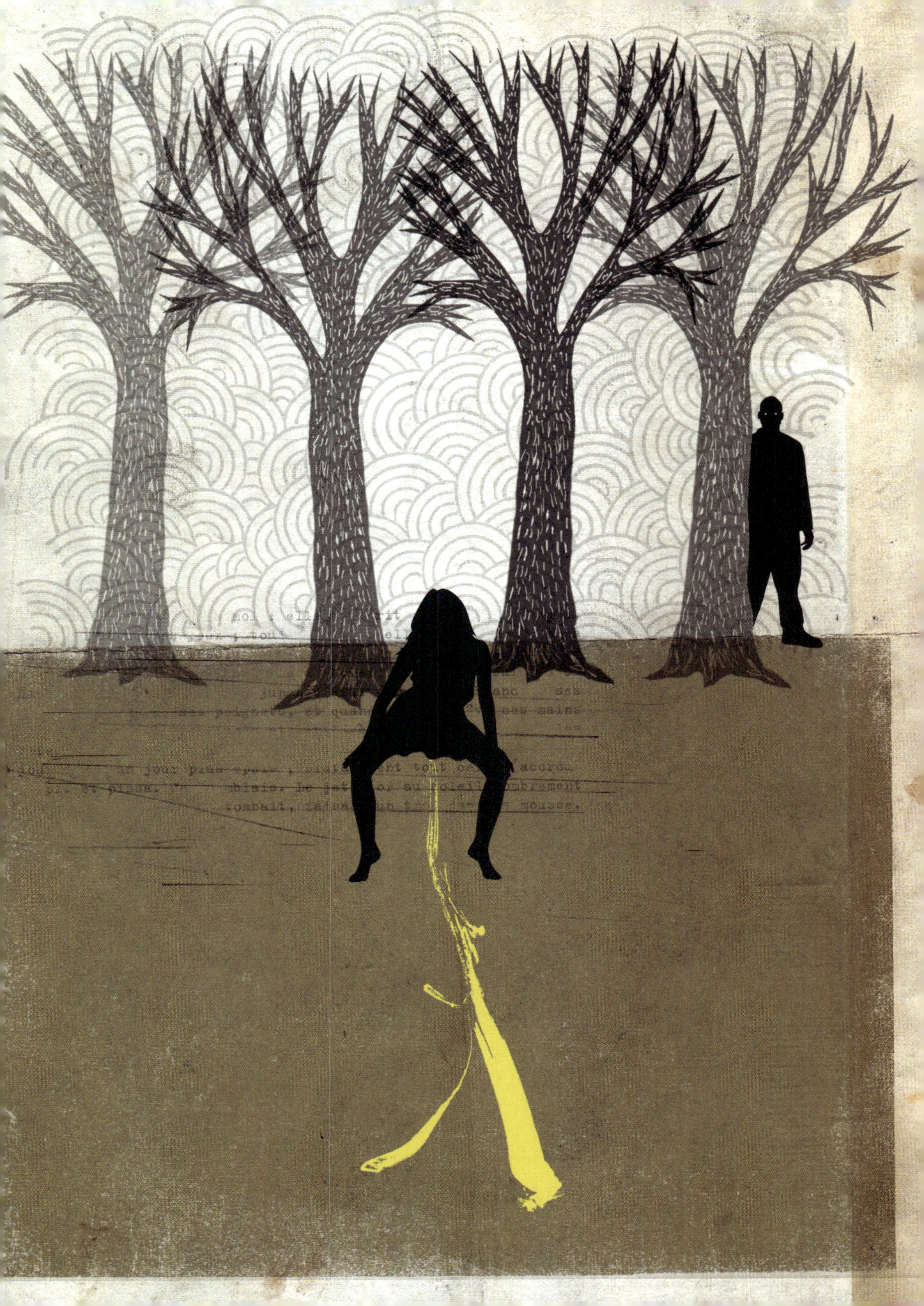
moi, ell rit
un jour
et pissa.
tombait,
mousse.

L.A. : Effectivement, il y a plusieurs « je » à l'intérieur de vos registres. Quand vous parlez de votre mère, vous dites « je ». Et puis quand vous écrivez *La Grande Beune* ou *Le Roi du bois*, c'est la transcription littéraire et archéologique, archaïque, primitive. Quand on vous lit, on a l'impression d'être dans un territoire du féminin que vous arrivez à sortir des limbes.

P.M. : J'aimerais bien que ce soit comme ça. Comment voulez-vous que je parle du féminin puisque je suis un homme ? Je ne peux parler que du regard que l'homme porte sur la femme. Mais parler du féminin, de l'intérieur du féminin, je ne peux pas. J'ai souvent rêvé d'écrire un texte à la première personne du féminin. Peut-être le ferais-je un jour ? Mais ce serait évidemment, comme *Le Roi du bois* ou *La Grande Beune*, un texte érotique. Ce serait un texte qui ne dirait rien du féminin, qui parlerait du désir féminin. Je ne crois pas que je comprenne le désir féminin, mais je crois que c'est ce qui peut nous rapprocher le plus du féminin. Le féminin me demande, comme je demande le féminin.

L.A. : Il y a beaucoup d'hommes qui pensent que le féminin est supérieur au masculin, notamment dans la possibilité, l'accès à la jouissance. Est-ce que vous êtes de ce bord-là ?

P.M. : Oui. C'est ce que disaient les Anciens. Vous connaissez l'histoire de Tirésias ? Il avait été homme, il avait été femme, et on lui disait : « Quel est le rapport entre la jouissance masculine et la jouissance féminine ? » Il répondait : « C'est de 1 à 10 » ou quelque chose comme ça. La féminine étant la plus forte, cela va de soi. On ne peut pas ne pas l'avoir constaté. La jouissance masculine est brève et mentale. La jouissance des femmes paraît beaucoup plus débordante, beaucoup plus pleine, beaucoup plus longue que la jouissance masculine.

L.A. : Et ça a à voir uniquement avec la jouissance ou avec la possibilité que la jouissance puisse avoir comme conséquence l'enfantement ?

P.M. : Il y a d'une part l'extrême jouissance, et d'autre part le fruit matériel de la jouissance. La force des femmes, c'est ça. Mais j'enfonce des portes ouvertes...

L.A. : Je vais lire un court extrait de *La Grande Beune* pour que l'on voie la force de votre écriture.

> « Il n'y avait pas un souffle de vent au bord du bois. Elle était sur son trente et un, dans un de ces amples manteaux bruns du genre carrick qu'on imagine aux épaules de hautaines mijaurées début de siècle qui, le petit doigt en l'air et la bouche en cerise, regardent à la lorgnette des casaques au

pesage ; là-dessus des perles, qu'en dépit de l'hiver elle découvrait à son cou ; les sequins comme toujours et de fins bas glacés sous quoi la blancheur exaspérée rosissait dans le froid. Tout ce chic à l'orée d'un bois perdu était déplacé comme une gravelure sur des casaques. J'essayai en vain de reprendre mon souffle, ce qui le coupait maintenant venait de plus bas, affûté comme un rasoir. Je crus qu'elle aussi avait couru, le souffle emportait dans une même précipitation la gorge, le carrick et les perles ; tout cela s'agitait ; au reste l'haleine courte que le gel divulguait disait assez son empressement ou son émoi. Le froid l'avait giflée, les lèvres étaient considérablement gercées, écorchées, mais maquillées sur la plaie. Elle regardait venir les enfants et m'abandonnait son profil, comme si elle ne m'avait pas vu : cette lourde coquetterie me fouetta autant que l'aurait fait sa nudité. »

(*La Grande Beune*, éditions Verdier, 1995, p. 45)

P.M. : C'est un texte complètement pornographique. La nature entière – le gel, l'hiver, la lune… – est comme une caresse, mais une caresse profonde de ce jeune homme sur le corps de cette femme. Le monde entier désire cette femme. Le temps, l'espace, les saisons. Tout concourt à l'orgasme perpétuel de l'héroïne.

L.A. : De celle qui n'a besoin de personne et surtout pas des hommes.

P.M. : Elle a un homme. Et pas n'importe lequel. Ça lui suffit. C'est une idole des cavernes. Ça lui suffit parce que cet émoi et cette adoration et cet asservissement qu'elle reçoit de lui, dont on ne sait si elle tire de la honte ou de l'orgueil, sont des manifestations de son auto-jouissance. De sa toute-puissance. De sa royauté. Un journaliste avait titré : « Des rennes et des reines. » Je trouve que ça allait bien pour ce bouquin. Il y a l'archaïque et la royauté. Elle est ici féminine, alors que dans *Le Roi du bois*, elle est masculine.

L.A. : Comment Yvonne est-elle née, justement ?

P.M. : Elle est née parce que – c'est idiot – Jacques Réda m'a demandé un texte pour la *NRF*. Je n'avais aucune idée de ce que je pouvais faire, mais j'étais dans un moment un peu… érotique. Et je venais de recevoir en cadeau un énorme livre du CNRS, *L'Atlas des grottes ornées de France*. Il y avait tout sur les œuvres pariétales. Yvonne est apparue à la confluence de ces deux hasards. Et je me suis dit, tiens, je vais y aller. Vous savez, c'est la technique qu'a employée Chabrol pour son film *Le Boucher* (1970). Il transporte une histoire sexuelle sur de l'archaïque, au pays des cavernes. On rentre dans ce sous-sol unique des grottes de la Dordogne, avec ces eaux qui balaient le Sud-Ouest, et tous ces torrents qui descendent du plateau de

Millevaches – la Corrèze, l'Auvézère, la Vézère, plus bas la Dordogne –, ce fleuve absolu que j'appelle la Grande Beune. La Grande Beune, c'est évidemment aussi un nom d'Yvonne. Quelqu'un a écrit que c'est « la femelle du Grand Meaulnes ».

C'est vraiment très joli, ces cavernes. Gorgé de sens. L'eau qui ruisselle, les draperies de calcite, l'origine de l'art. De plus en plus, les préhistoriens ne pensent pas que les peintures sont mises là comme sur un chevalet. En fait, elles soulignent le corps de la caverne. Elles le commentent. Beaucoup pensent en douce que le contenant, la caverne, c'est le féminin, l'utérus de la déesse. Les « entrailles de la Terre » au sens le plus mythologique ! L'inconscient des préhistoriens tend vers ça.

L.A. : Vous avez du mal à quitter vos personnages féminins ? Par exemple, à la fin de l'écriture de *La Grande Beune*, avez-vous eu du mal à quitter Yvonne ?

P.M. : J'ai fait quelques suites. Je ne sais même pas si je les ai gardées. C'était de la basse pornographie, parce qu'il fallait un passage à l'acte. Il fallait qu'il se passe quelque chose. Je n'ai jamais été au bout d'ailleurs, je n'ai jamais vraiment fini.

L.A. : Peut-être y reviendrez-vous ?

P.M. : Pour accomplir quoi ? Si le jeune instituteur avait eu Yvonne, ce livre, *La Grande Beune*, deviendrait sans intérêt.

L.A. : Oui. Je suis d'accord. Il faut toujours que ça reste dans l'inaccomplissement. Dans le désir et dans la sublimation du désir. Jusqu'au point ultime.

P.M. : Oui. Je n'écris pas de scènes d'accouplement ou de choses comme ça. Enfin... jamais je ne les publie.

L.A. : J'ai trouvé un extrait de *Corps du roi* qui, à mon avis, est dans la droite ligne de ce que vous venez de dire. Vous écrivez :

> « Madame Bovary est toutes les femmes. C'est ma mère. C'est les pleurs des femmes, la frustration terrible, qui toujours va déborder, déborde. Leroi-Gourhan écrit que, dans l'art des cavernes, signe féminin et blessure sont interchangeables : pour signifier la même idée, l'artiste, le penseur, *l'écrivain* paléolithique pouvait indifféremment figurer une vulve, une vache transpercée, le sang qui dégoutte d'une flèche. La vulve, le dol, la bête sous le merlin, le sang sont synonymes. Ce signe, on peut l'appeler Emma Bovary. C'est la fente du ventre compliquée de pleurs. *Mulier dolorosa.* »

(*Corps du roi*, éditions Verdier, 2002, p. 40)

P.M. : Mais est-ce que c'est vrai tout ça ? Je parle de Madame Bovary. Je parle du féminin. Je parle de mon fantasme qui est archaïque. Mais est-ce que c'est vrai tout ça ? Est-ce que la vulve et la plaie sont interchangeables ? C'est une idée du masculin, ça. Ce n'est pas une idée du féminin. Je ne suis pas dans la peau des femmes.

L.A. : Il se trouve que le sexe féminin est ouvert, et que vous, les hommes, vous n'êtes pas ouverts.

P.M. : Oui, mais quel boulot on a de porter ce truc qui dépasse, nous ! Il faut toujours apporter la preuve, pour l'homme. La femme, elle, a le temps de voir venir. Et elle a les larmes. Pour un homme de mon âge qui a connu quelques femmes, ce dont on se souvient le plus, après la rupture, avec le plus d'émotion et de douleur, ce sont les pleurs de la femme.

L.A. : Je vais lire un dernier extrait de votre texte. Toujours dans *Corps du roi.*

> « À propos de l'écrivain isolé dans la littérature abstraite, l'homme dans la force de l'âge qui perd sa vie en chicanes grammaticales, en petites sentences littéraires, en minuscules peines ou triomphes d'amour-propre, Chateaubriand écrit : "Tout cela est bien peu digne d'un homme ! N'est-il pas assez dur de ne servir à rien dans l'âge où l'on peut servir à tout ?" Servir, nous le voulons bien. Mais où est la guerre, où est Dieu, où est le sérail de quatre-vingt-dix-neuf épouses, où sont les royaumes et les apanages ? Où est l'humanité souffrante et régénérée, où sont les révolutions et les charités passionnées, où est Jean Valjean ? Allons, il ne reste que la prose, le texte qui fait mal et fait jouir de cette douleur, le texte qui tue. »

(*Corps du roi*, éditions Verdier, 2002, p. 37-38)

P.M. : Vous avez nommé Jean Valjean. Voilà un homme qui sait, non pas ce qu'est le féminin, mais qui sait s'occuper du féminin. L'aimer sans s'en emparer. C'est un père tout-puissant. Très viril. Mais c'est une mère aussi. Pour Cosette. Pour Fantine. Pour Éponine, la fille des Thénardier. Si ce livre, *Les Misérables*, a tant marché, c'est parce que tous les hommes se sont projetés dans cet homme-là, celui qu'ils voudraient être avec les femmes. C'est comme Dieu le père qui serait une mère pour les femmes. Les hommes autour de lui sont toujours un peu des rivaux. Mais avec les femmes ? Être Jean Valjean. Voilà ce qu'il faudrait.

Illustrations de Laurent Rivelaygue

MAURICE
GODELIER

L'anthropologue, les hommes et les femmes

J'ai cru, dans une première vie, pouvoir entrer au CNRS et devenir chercheur, en suivant les traces de mon premier mari, Fred Adler, grand anthropologue africaniste spécialiste de la royauté moundang au Tchad. À l'époque, c'était encore facile et le CNRS recrutait. Maintenant, c'est quasi impossible, même si vous avez écrit trois thèses avec mention très bien. Grâce à lui, j'ai pu suivre les cours de Claude Lévi-Strauss puis entrer dans le cercle, restreint et très amical, des ethnologues. Ils m'ont beaucoup appris et donné. Parmi eux, j'en citerai deux : Pierre Clastres, un très grand penseur aujourd'hui trop méconnu, mort dans la fleur de l'âge, et Françoise Héritier, qui demeure pour moi un modèle et une amie.

Dans ce milieu, un homme, ancien collaborateur de Fernand Braudel puis de Claude Lévi-Strauss, m'intriguait : philosophe, passionné par l'économie, il partait longtemps sur son terrain, la Nouvelle-Guinée, d'où il revenait exalté, nous racontant des rites d'initiation, des traditions, des modes de relation entre sexes et entre générations qui me semblaient à l'opposé de notre modèle occidental. Il me répondait, en riant : « Pas tant que cela ! La preuve : la situation faite aux femmes... »

Maurice Godelier a écrit des livres importants, dont *La Production des grands hommes* et *Métamorphoses de la parenté*. Il a élargi ses champs de recherche et, spectateur engagé, ne cesse de décrypter les modes de fonctionnement de notre société avec un regard dénué de tout occidentalocentrisme, ce mal qui nous aveugle.

L.A.

QU'EST-CE QU'UNE FEMME ?

Qu'est-ce qu'une femme ? Sujet impossible. L'autre de l'homme ? Il y a chez les femmes quelque chose de radicalement, de totalement « incopiable » par les hommes. Si les féministes veulent l'égalité la plus grande – et je suis d'accord avec cela –, il y a tout de même chez la femme quelque chose que l'on ne peut pas copier. La féminité, selon les attributs classiques, c'est la grâce du corps, l'absence de violence, l'aspect maternel, la protection... Tout cela, on l'idéalise sans doute un peu. Mais c'est un fait : on peut toujours se réfugier auprès de sa mère, on peut toujours retourner à sa mère. C'est sans doute elle que l'on imagine en mourant. Peut-être la dernière personne que l'on quitte dans sa tête, dans la vie. Il faut avoir conscience de cela, sans nier la force des figures du père.

Pour comprendre ce qu'est une femme, il faut revenir à la définition de l'homme. L'homme comme humain. Comme humanité. Ce que l'on appelle l'homme est un générique qui contient la femme – la langue française est ainsi faite. Les humains, en général, ont la capacité ou l'envie de toujours voir ce qu'il y a derrière les apparences. Ils postulent qu'il y a derrière ce que l'on voit quelque chose que l'on ne voit pas, mais qui explique ce que l'on voit. Alors que certains singes regardent ce qu'il y a derrière le miroir, nous les hommes construisons des mondes imaginaires pour expliquer ce que l'on voit. Les scientifiques construisent des mondes imaginaires contrôlés, vérifiables. Les religions, des mondes invérifiables. C'est peut-être le postulat qui différencie le plus les humains des bonobos et des chimpanzés, nos cousins les plus proches.

Alors, que mettre dans cet humain commun, cet ensemble qui nous englobe tous, qui serait proprement féminin ? Je pense, par exemple, que la femme est plus croyante que l'homme. Si nous lui présentons des mondes imaginaires, elle y adhère moins abstraitement que lui, plus émotionnellement. Peut-être est-ce parce que depuis des siècles et des siècles, on réserve à l'homme la violence, la possibilité de découvrir les autres, d'aller à l'aventure ? Cela formate le masculin. Face aux femmes, selon moi, les hommes sont très longtemps immatures. Ils n'ont pas la maturité de l'expérience d'eux-mêmes et de la complication de l'être. Dans nos sociétés, les femmes sont plus attentives à tout cela parce qu'elles sont attentives aux personnes. Il s'est opéré comme une répartition, au moins en Occident, qui leur a donné des places et des émotions différentes.

La conséquence de tout cela, c'est que les hommes sont valorisés, ont du succès dans la société et dans leurs vies, au prix d'une grande ignorance d'eux-mêmes. Peut-être même d'une certaine ignorance des autres. Ils s'occupent de politique, de guerres, des actions extérieures... Cela peut changer, se surmonter, ou du moins se distendre. En Occident, il y a quand même un grand mouvement. L'affaire DSK, par exemple, est remarquable pour avoir, à travers cet homme, fait apparaître toutes les dominations personnelles sur les femmes. Tous ces viols, qui se commettent ou qui s'inventent. Quelque chose de très important était sous-tendu là.

Les femmes comme les hommes se transformeraient s'ils occupaient des places plus égales dans la société. Ce serait un progrès pour les deux sexes à la fois : toute victoire féminine n'est pas une défaite pour les hommes, c'est une victoire partagée – même si c'est encore aujourd'hui parfois compliqué à comprendre. Malgré cela, il resterait quelque chose – que je ne peux précisément décrire – qui serait « incopiable » entre hommes et femmes.

On m'a récemment interrogé sur les travaux de Judith Butler, cette philosophe féministe américaine qui prône le choix total du sexe, l'absence de détermination par le genre... Même si je comprends l'intérêt de ses recherches, je pense sa position intenable. Je conçois qu'on choisisse son sexe, que des femmes se comportent comme des hommes, et réciproquement des hommes comme des femmes. Nous avons tous en nous les deux côtés : le masculin et le féminin. Nous sommes tous doubles. Mais à mes yeux, quand une jeune fille a ses premières règles, quand ses seins poussent pour toute une vie, son corps est féminin. Il n'est pas « arrachable ». On ne peut l'arracher. Il faut donc vivre avec ce que l'on est. Le corps entraîne des choses qui sont propres à chaque sexe. Et ces choses ne sont ni substituables, ni interchangeables, ni effaçables. C'est ce que j'entends par incopiable. Mais ce serait trop simple de ne parler que du corps. Il existe quelque chose de plus profond, peut-être enraciné en lui, dans celui des hommes, et dans celui des femmes. Dans la différence des corps. On est au-delà des attributs que l'on prête à la féminité (grâce, séduction, protection). C'est ce noyau-là qui me semble incopiable.

Personnellement, j'ai connu quelques femmes dans ma vie qui n'auraient jamais voulu être hommes. Elles avaient une indépendance et une autonomie d'action et de construction d'elles-mêmes qui impressionnaient, qui fascinaient. C'était cela, la véritable égalité. L'égalité dans une différence construite et enrichie. Il y a un élément de la lutte pour l'égalité qui exige de comprendre la différence. L'égalité n'élimine pas forcément les différences. Certaines oui, mais pas toutes. On ne peut supprimer toute différence. Il faut au contraire l'accepter et la magnifier. La célébrer. Il est d'ailleurs difficile de savoir à quel moment des luttes pour l'égalité on commence à devoir entièrement accepter la différence parce qu'elle est créatrice, au bénéfice de tous. Bien sûr, cela ne plaît pas à ceux qui sont radicaux, qui voudraient tout effacer pour faire des identités communes. Je pense qu'ils sont dans l'utopie. Cela fait partie des utopies de l'Occident, une sorte de prolongement un peu aberrant de la lutte pour l'égalité de tous, commencée il y a très longtemps. Ce n'est pas un discours militant classique, mais la sagesse demande de peser les choses un peu plus.

LE SECRET DE LA DOMINATION MASCULINE CHEZ LES BARUYAS

Quand j'étais jeune, je suis allé chez les Baruyas, en Nouvelle-Guinée. C'était il y a très longtemps, une cinquantaine d'années... J'étais parti comme un jeune marxiste avec l'idée, qu'on découvre absurde après, qu'en faisant la révolution – nous étions révolutionnaires bien sûr –, nous allions abolir le capitalisme et les rapports de classes. Je pensais à l'époque que si l'on abolissait ces rapports de classes, aussitôt les hommes et les femmes seraient égaux. J'imaginais cette égalité comme un sous-produit de la révolution. C'était idiot. Complètement idiot. Quand je suis arrivé là-bas, il n'y avait pas de classes sociales, il n'y avait pas d'État. Je suis tombé dans une société dite primitive où il y avait une véritable construction permanente de la domination masculine.

Elle se fabriquait lors des initiations des garçons, de grandes institutions. On arrachait les enfants, les garçons, à neuf ans, aux femmes. Voir ces mères et ces sœurs apporter leurs fils et leurs frères aux hommes qui allaient les éduquer pendant plus de dix ans sans aucun rapport avec elles était très impressionnant. Les initiations se déroulaient dans une violence volontaire. Les petits de neuf ans étaient arrachés à leurs mères, et on les portait à travers une haie d'hommes qui les battaient avec des épineux. Les gosses arrivaient dans le monde des hommes en sang. Complètement. Tremblants et apeurés. On leur expliquait qu'ils allaient maintenant devenir des hommes. Des hommes qui dominaient les femmes, et qui devaient gouverner la société. Par principe, les femmes étaient exclues de ce gouvernement. Le grand secret de ces initiations, c'était que les garçons de quinze à vingt ans qui n'avaient pas eu de relations sexuelles donnaient leur sperme à boire aux petits. Ce sperme, symbole de la vie dans cette société patrilinéaire et de la force des guerriers, était vierge de toute « pollution » féminine, contrairement à celui d'un homme qui avait fait l'amour avec sa femme et lui avait fait un enfant. À travers ces jeunes, les hommes refaisaient la société sans les femmes, en inséminant les garçons. Si les petits refusaient de se soumettre à cela, on les tuait. C'est une construction par la violence de la différence.

Même si là-bas, on ne me disait pas tout, j'ai eu connaissance du mythe le plus secret, du moins l'un des plus secrets. Selon les Baruyas, c'étaient les femmes qui avaient créé les arcs, les flèches, etc. Les hommes leur avaient volé leurs pouvoirs. Au cœur de ces pouvoirs, il y avait celui des flûtes sacrées. Quand j'ai été initié à mon tour, on m'a donné le nom sacré : le vagin. Les hommes auraient volé les pouvoirs de la vie aux femmes. Faire des enfants sans les femmes, c'était leur mythe. On observait là-bas le contraire de ce qu'a décrit Claude Lévi-Strauss, que les femmes seraient toujours du côté de la nature et les hommes du côté de la culture. En Nouvelle-Guinée, les femmes étaient celles qui avaient inventé tous les premiers produits de la civilisation et de la culture, mais – et le « mais » est très important – elles s'en servaient de façon irrationnelle : elles tuaient trop de gibiers, elles tenaient les arcs à l'envers... Les hommes ont donc dû tout remettre à l'endroit. Ils n'ont rien créé mais ils ont mis de l'ordre. Et l'ordre, c'était leur domination, bien sûr : le vol permanent, l'expropriation des pouvoirs des femmes. Les hommes étaient convaincus que s'ils lâchaient ces pouvoirs, ceux-ci repartiraient comme une balle de tennis accrochée à un élastique. Ils repartiraient dans le corps des femmes. Et si cela arrivait, alors les hommes seraient perdus. C'est la raison pour laquelle ils ne pouvaient en aucun cas arrêter de dominer les femmes.

Sur le plan philosophique, la leçon est formidable. La société des Baruyas est profondément masculine, machiste, dominatrice, avec des pratiques symboliques comme l'ingestion de sperme. En la côtoyant, on ressent dès le départ cette domination masculine. Puis, on la voit, et on la vit. Mais derrière cela, il y a cet aveu immense quant au rôle de la femme, maintenu par les mythes les plus secrets. On peut transposer cette idée dans nos sociétés occidentales, loin des rites et de l'imaginaire de Nouvelle-Guinée. Même si nous les investissons moins de mythes, ce que l'on appelle les pouvoirs pourrait aussi, chez nous, « revenir dans le corps des femmes ». On tendrait alors vers une égalité conquise pas à pas. Avec ces pouvoirs, les femmes deviendraient l'égal des hommes sur beaucoup de points. Et eux changeraient forcément en conséquence. Cela ne pourrait en aucun cas effacer leur différence. Il faudrait penser à fois le mouvement de la résorption des différences et celui de la célébration (ou de la mise en évidence) d'une différence incopiable, et en quelque sorte infranchissable.

LE MONDE ORGANISÉ PAR LES HOMMES

Les hommes aiment-ils les femmes ? Je pense que oui. Même s'ils ont finalement une grande ignorance des femmes, même s'ils en ont peur. Je ne suis pas femme, donc je ne peux pas dire si les femmes vivent dans une grande ignorance et une grande peur des hommes. Dans ma vie, j'ai quand même été surpris par une ou deux femmes, très féminines – dans le sens classique du terme. Elles me disaient – et cela m'avait étonné, parce qu'on vivait dans une grande ville, à Paris – qu'elles avaient peur de marcher la nuit dans une rue sombre, seules, et de voir arriver un homme. Elles avaient peur d'un viol possible. Je n'y croyais pas, alors je me suis amusé à faire un petit test à l'École des hautes études, auprès de mes copines, des secrétaires, etc. Je suis passé de bureau en bureau demander aux femmes que je connaissais : « Est-ce que vous avez peur quand vous êtes seule, la nuit, dans une rue déserte et que vous voyez approcher un homme seul ? » À ma grande surprise, 60 à 70 % d'entre elles m'ont spontanément avoué avoir peur. Les autres me répondaient : « Non, je ne pense jamais à ça. Je ne pense jamais qu'on pourrait m'agresser. » C'était très intéressant. Cette expérience m'a marqué. La peur des femmes par les hommes, la peur des hommes par les femmes... Je pense que cette conjugaison de l'ignorance et de la peur est finalement réciproque.

Cependant, ce n'est pas la même peur. La peur des hommes, c'est de perdre une part de leur pouvoir. La peur des femmes, c'est celle d'être agressées par le pouvoir des hommes. Ce n'est pas pareil du tout. Ce sont les deux faces du même problème, bien sûr, mais la distance entre elles s'est renforcée par l'ignorance de l'autre, par la non-découverte. Ainsi, nous tournons en rond. Alors qu'il est pourtant vrai que la définition de l'humain, par exemple, est partagée par la femme et l'homme.

En grec, on appelle *andros* l'homme, et *anthropos* ce qui est humain, des deux côtés, féminin et masculin. Mais la racine commune reste effectivement l'« homme ». Dans d'autres langues, chez les Baruyas par exemple, on retrouve cela aussi. J'évoquais la propension de l'humain à se créer constamment des mondes imaginaires. L'humanité est tout à fait capable de mettre en doute les évidences du visible et de chercher à expliquer le monde qui l'entoure en inventant des causes qui sont cachées. En théorie, les hommes et les femmes partagent cette capacité, leurs cerveaux sont identiques même si de vieilles polémiques datées de quelques décennies prétendaient le contraire. Mais dans la construction et l'appropriation du monde par la connaissance ou par l'imaginaire des rites et des mythes, les femmes ont été profondément exclues. Et cela, depuis l'Antiquité. C'est primordial à comprendre. Je simplifie un peu, car il y a des chamanes femmes, des prêtresses... Tout dépend des religions. Dans certaines, il y a des déesses, des femmes idéalisées ; dans d'autres, il n'y a que des hommes. Il ne faut pas penser que tout est coupé à la serpe alors que c'est très compliqué. Mais de fait, les femmes ont été exclues de la violence militaire, de la mise à mort – elles donnent la vie et pas la mort... Cela ne signifie pas qu'elles ne sont pas cruelles...

Quand j'étais en Nouvelle-Guinée, j'ai vu beaucoup de femmes fières que leurs maris aient été tués par les ennemis. L'idéologie, là-bas, est celle du guerrier. L'homme est un guerrier et va mourir au combat. Le combat est un combat rapproché. C'est terrible : on se coupe la tête, on se partage le foie de l'ennemi et on le mange, etc. Ces femmes baruyas étaient fières d'êtres veuves. Mais elles étaient aussi très heureuses d'avoir vu torturer des ennemis, jusqu'à la mort. Elles me racontaient cela avec un grand plaisir, celui d'être veuves de guerriers, mêlé à celui d'avoir vu sacrifier ainsi des ennemis...

« L’ÉGALITÉ DES HOMMES ET DES FEMMES DOIT AUJOURD’HUI S’ÉTENDRE AU-DELÀ DES QUESTIONS DU QUOTIDIEN. »

Il y a aussi, bien sûr, le vieux mythe des Amazones, le colonel Kadhafi qui est entouré de femmes armées, il y a des brigades de femmes soldates dans certains royaumes du Nigeria, des gardes féminines, etc. Mais cela reste de relatives exceptions. Car majoritairement, les femmes ont été exclues de la violence militaire et de la représentation du groupe vis-à-vis de l'extérieur. Ce sont les hommes qui représentent leur tribu. Pas les femmes, ou très rarement. Elles ont de même été tenues à l'écart de la fabrication des grandes religions, des mondes imaginaires dans lesquels les croyants sont enfouis. Bouddha, Jésus, l'hindouisme... Ce seraient les pères qui auraient reçu le *Véda* (« la connaissance », en sanskrit), les discours qui arrivaient de l'au-delà. Tout cela structure ensuite la religion. Cela dessine également les grands mondes imaginaires dans lesquels vont vivre les individus, et qui ne manqueront pas de les formater, dans leur rapport au corps, à la sexualité... Un hindou peut faire l'amour – c'est même une voie vers la libération –, mais le chrétien ne doit pas pratiquer l'acte sexuel avant le mariage, ni le sexe hors du mariage ; pendant des siècles, le remariage des veufs lui-même était interdit, puisqu'on est marié devant Dieu pour la vie et l'éternité. Les grandes religions, les grands ensembles signifiants pour la vie se sont construits sans les femmes. Il existe pourtant des vérités existentielles qui, elles, touchent tout le monde. Hommes et femmes. Tout le monde est « pris » dans ces rites, ces mythes, dans ces prières quotidiennes, ces règles de conduite.

Dans ce contexte, l'égalité des hommes et des femmes doit aujourd'hui s'étendre au-delà des questions du quotidien, comme le travail. C'est pour la libération d'une créativité intellectuelle que l'on doit lutter – et j'entends par créativité intellectuelle la création de systèmes philosophiques (donc conceptuels) mais aussi artistiques, car l'art est également une production de sens énorme. Quelles que soient les sociétés et leurs différences, nous sommes évidemment encore loin de tout cela.

LE POUVOIR AUX FEMMES, LES CONTRE-EXEMPLES

Il y a deux ou trois sociétés dans le monde, qu'en tant qu'anthropologue je connais, qui ont vu le pouvoir féminin se développer de manière extraordinaire. En Océanie, à Bougainville, une île de la Papouasie-Nouvelle-Guinée, la société des Nagovisi a beaucoup frappé les anthropologues dans les années 1970. C'est une société matrilinéaire : les enfants n'appartiennent pas aux maris mais à la mère et aux frères de la mère. Ce sont les oncles maternels qui en ont la responsabilité. La terre, en revanche, appartient aux femmes. Elles ont également le contrôle de la vie des villages, et elles participent – ce qui est extrêmement rare – aux initiations masculines qui, normalement, sont dérobées aux femmes. Les deux seuls domaines dont elles sont exclues, auxquels en tout cas elles ne participent pas, sont la guerre et le commerce à longue distance. Parce que commerce et guerre sont liés : celui qui part en expédition chez les autres tribus peut très bien être tué, voire mangé... Pour le reste, ce sont vraiment les femmes qui détiennent l'autorité politique et villageoise, au-delà même de ce que peuvent imaginer certains ou certaines féministes.

Le second exemple, c'est la société des Tétoum d'Indonésie. Là encore, c'est une société matrilinéaire : les hommes viennent vivre chez les femmes et, symboliquement, ils n'ont ni l'autorité ni le droit d'entrer dans les maisons. Les femmes vivent à l'intérieur, et autorisent (ou non) les hommes à se joindre à elles. Si elles ne le font pas, ils couchent donc dehors. Chez les Tétoum, la fille aînée garde les ossements de ses ancêtres, elle en est responsable – ce qui n'est pas anodin quand on sait l'importance qu'ils accordent au culte des ancêtres. Là-bas, lorsqu'un pouvoir est ouvert aux femmes, par la voie de la parenté par exemple, directement et naturellement, ce pouvoir existe.

J'ajoute un troisième exemple, qui a tant fait parler (et écrire) les anthropologues. Celui des « Na », qu'on appelle aussi les Mosuo, issus de minorités tibéto-birmanes qui sont incluses aujourd'hui dans la Chine. On sait que différents empereurs ont monté des expéditions en quelque sorte ethnographiques pour connaître ces sociétés. Elles ont toujours été entièrement matrilinéaires, alors que les Chinois, eux, ont forgé leur culture dans le culte des ancêtres hommes – ce qui explique d'ailleurs en partie l'infanticide énorme des filles : quand les communistes ont pris pour devise *One family, one child*, il a fallu choisir quel enfant garder. Depuis longtemps donc, les Mosuo suscitent l'intérêt. Ce sont de grands matrilignages, dominés par l'aînée des femmes et l'aîné des frères des femmes. La plus âgée des femmes gère seule ce qui concerne l'intérieur de sa maison, y compris les travaux domestiques. Elle donne des ordres à ses frères et à ses neveux. Le champ d'action des hommes, ici aussi, est le commerce extérieur : partir trois mois pour vendre et acheter ce qui est nécessaire, représenter le village auprès des fonctionnaires de l'Empire, parfois faire la guerre avec d'autres villages... À l'exception de cela, le pouvoir des femmes est étonnant. Elles ont notamment un pouvoir sur la sexualité qui est quasi complet, même si parler de sexe est interdit. Elles choisissent leurs amants, les quittent pour d'autres le lendemain... Elles peuvent tout à fait coucher successivement avec plusieurs hommes d'une même fratrie, ou avec un fils et son père – « l'inceste du deuxième type » de Françoise Héritier n'existe pas du tout là-bas. Il est en revanche impossible qu'elles choisissent pour amants leurs frères, leurs pères, leurs oncles ou leurs fils. Sous cette forme, le tabou de l'inceste demeure. Au quotidien, les hommes n'ont pas le droit de rester avec les femmes dans la journée, ils doivent partir à neuf heures du matin. Si une femme souhaite garder son amant plus longtemps, ou si elle veut qu'il revienne plusieurs jours de suite, elle doit en demander l'autorisation à toutes les femmes de sa lignée. Chez les Mosuo, il n'y a pas de mariage. Pas de mot pour dire « mari », pas de mot pour dire « père ». C'est tout à fait exceptionnel. Les hommes semblent s'accommoder du fait que la sexualité soit entièrement sous le régime du féminin. Le sentiment de jalousie, s'il existe, est en tout cas socialement refoulé. Interdit.

Dans ces sociétés matrilinéaires, les hommes n'essayent en aucun cas de ressembler aux femmes. Ils ne sont pas du tout efféminés, ne cherchent pas à s'attribuer leurs rôles. Les Mosuo, par exemple, ont une théorie tout à fait formidable pour expliquer la reproduction. Chez eux, le sperme ne fait pas l'enfant. Ça ne se passe pas non plus comme chez les Trobriandais, observés par l'anthropologue anglais Bronislaw Malinowski dans l'entre-deux-guerres en Mélanésie, où le fœtus dans le ventre de la femme se formait par coagulation du sang menstruel. Les Mosuo sont également une société matrilinéaire, mais leur théorie est encore plus féministe : ce n'est ni l'homme ni la femme qui place le germe, mais une déesse qui dépose des fœtus dans l'utérus des petites filles (comme si c'était des petits pois). Une déesse féminine, bien sûr ! Les hommes, eux, ne font qu'arroser. Le sperme est donc une eau qui arrose. C'est comme cela qu'ils l'expliquent : « Est-ce que c'est la pluie qui fait la carotte ? Non. C'est la pluie qui fait pousser la carotte. » D'ailleurs, eau et sperme, c'est le même mot. Il n'y a aucun mot spécifique pour dire sperme. Selon cette conception, les hommes ne sont pas des géniteurs, mais des « arroseurs ».

C'est donc ainsi qu'en quelques endroits du monde, l'humanité a ouvert des voies qui nous sont inconnues. Ces voies ont été construites et empruntées. Elles ont, par exemple, localement modifié le rôle du sexe et de la sexualité. Je ne dis pas que ce sont des modèles, mais elles prouvent que l'humanité est capable de beaucoup de choses, d'influer sur le monde des sentiments... En croisant histoire et anthropologie, en considérant les dimensions de temps et d'espace, on peut se demander si ce qui a déjà été possible quelque part pourrait l'être ailleurs. Mais les bases sont différentes. Comme si ces routes avaient été ouvertes par une autre humanité. Une humanité locale. La société occidentale, elle, se développe dans la promotion permanente de l'individu. Et non du clan, ou de l'individu à l'intérieur d'un clan. La bataille pour l'égalité des sexes existe aussi, mais différemment.

QUEL AVENIR POUR LA FEMME ?

Je ne crois pas au grand chambardement du rapport entre les deux sexes. Je connais les thèses d'Henri Atlan, par exemple, sur l'utérus artificiel. Elles sont intéressantes. Mais selon moi, le vrai problème est un problème de fond. Le reste, ce sont des discussions entre chercheurs et intellectuels, qui impressionnent et font écrire beaucoup d'articles. Lorsque j'étais jeune, j'étais compagnon de route du Mouvement de libération des femmes, le MLF. J'étais revenu de Nouvelle-Guinée avec l'idée que tout ce en quoi je croyais avant de partir était faux. La domination masculine avait commencé bien avant dans l'histoire, et dans d'autres formes de société. À l'époque, il y avait comme un raz-de-marée féministe. Le MLF avait un programme très large, qui concernait des questions aussi diverses que le travail et la cuisine. On était encore loin des idées de Judith Butler, sur le choix libre et total du sexe. Le mouvement se concentrait sur des objectifs beaucoup plus pragmatiques, et pour toutes les femmes, de toutes les conditions. Les bourgeoises comme les femmes du peuple qui avaient besoin de se libérer. Le MLF a commencé à être reconnu, à gagner de l'influence, socialement, à l'échelle de la France, ou presque. Il avait donc un pouvoir multiple et très pragmatique. Il n'était pas capté par un groupe d'intellectuels de la classe moyenne, qui pouvaient avoir des idées plus avancées que les autres parce que leurs conditions étaient plus favorables. On était dans le concret.

Aujourd'hui, le problème est le même. On peut bien sûr parler des grossesses masculines, des utérus artificiels, on peut revendiquer le choix libre du genre... Mais, avant cela, il faudrait déjà qu'on accepte les mères de substitution. Qu'on refuse le clonage, pour éviter à tout prix le développement du narcissisme de se reproduire sans femme ou sans homme, comme un immortel. Qu'on permette l'homoparentalité, pour que deux hommes assument et assouvissent leur désir d'enfant. Parce que l'homosexualité est une sexualité « autre », normale, qui n'est ni une maladie ni une perversion – nous sommes tous bisexuels. Et parce que ce désir d'enfant est une chose moderne, qui n'a rien à voir avec le désir d'enfant du XVe siècle ; notre société valorise tellement l'enfant... Il y a beaucoup de révolutions qui vont se faire. De là à choisir entièrement son sexe (comme le suggère Judith Butler), et à se libérer totalement de son corps pour avoir des enfants (tel que l'annonce Henri Atlan) ?... Je crois que ce n'est pas dans cette direction qu'il faut aller.

Je dirais plutôt qu'il faudrait retourner à des programmes de masse. À des objectifs pour des millions de femmes, et non pour quelques-unes ou pour se penser soi-même. Mais ce n'est pas évident. À la télévision, tous les jours, plusieurs chaînes diffusent des films sur des crimes sexuels. On les met en scène, jusqu'à ce que cela devienne un spectacle. On a pourtant aujourd'hui des tas de problèmes de viols... Des milliers et des milliers ne sont jamais déclarés. De même, on voudrait que la femme soit reconnue comme l'égal de l'homme, mais on ne peut pas aller chez un marchand de journaux sans voir sur des couvertures de magazines des femmes nues, présentées pour le désir. Il est très intéressant de constater que, d'un côté, la société essaye d'affirmer des principes, des bons procédés, et que de l'autre, elle tolère toutes sortes d'éléments qui empêchent vraiment que l'on reconnaisse ces principes et qu'on les vive. On tire comme cela à hue et à dia. Je ne suis pas puritain, mais je souligne là une contradiction sociale qui est visible par tout le monde. Ce que je dis n'a rien d'original. On peut, bien sûr, ne pas vouloir le remarquer, mais quoi qu'il en soit, c'est actif, tous les jours.

C'est à peu près le même problème dans toutes les sociétés. Mais ce qu'il faut éviter à tout prix, c'est d'imposer ses propres modèles à d'autres. Je n'irai pas, moi, chez les musulmans d'Arabie Saoudite – ou je ne sais où ailleurs – demander immédiatement l'autorisation du mariage entre les lesbiennes. Je n'irai pas dire : « Nous sommes meilleurs que vous. Nous avons tout compris, nous portons le progrès, une fois de plus. Vous êtes des retardataires, des arriérés. Et nous allons vous imposer de nouvelles lois. » Nous n'avons absolument pas le pouvoir de le faire, d'ailleurs. Sur toutes ces questions d'égalité entre les sexes, de reconnaissance et d'acceptation des différences, j'ai une vision « non exportatrice ». On ne peut pas exporter facilement des idées ou des valeurs. Il faut qu'elles soient contagieuses. Il faut qu'elles arrivent dans les autres sociétés et qu'elles s'y installent par contagion. C'est ce qui se passe, par exemple, avec le Printemps arabe. Il ne s'agit pas du Coran, mais du droit au travail, de la liberté d'expression, de la lutte contre la répression et du combat pour plus d'égalité entre tous. Ce sont, au fond, des choses que l'on partage tous. Ce n'est en rien une philosophie originale, mais c'est très important. Dans ce contexte, les différences culturelles (entre le Coran et la Bible, par exemple) ne sont pas présentes au départ. Ce qui compte, ce sont ces choses partagées, qui sont proches des idées de liberté occidentales d'ailleurs. Cela fait plaisir. Cela fait du bien. Et, surtout, cela s'opère sans mettre l'accent que l'on met, nous, habituellement, sur l'individu absolu. Cela révèle peut-être une autre combinaison entre les libertés des individus. Mais pour une fois, ils ne sont plus pensés comme absolus, irremplaçables.

Illustration de Ronan Badel

CLAUDE
GARACHE

Couée

J'ai connu la peinture de Claude Garache grâce aux poètes, plus particulièrement Yves Bonnefoy, Jacques Dupin et mon compagnon Alain Veinstein, qui a écrit des textes sur son travail. Tout de suite sa peinture m'a obsédée et hantée. Tout de suite elle provoque à la fois un sentiment d'innocence et d'immémorialité.

Garache ne peint que des femmes nues depuis plus de quarante ans. Il peint d'après modèle dans un petit atelier, dans une lumière froide, accroupi sur le sol. Il peint beaucoup de femmes accroupies. Elles aussi, comme dans une danse entre le peintre et le modèle. Corps en fusion. Il n'est pas un regardeur, encore moins un voyeur. Il peint des dos de femmes, des sexes de femmes, des corps étirés ou lovés comme des Vénus oubliées dans la glaise. Ses femmes n'ont pas eu de visage pendant longtemps. Elles ne nous regardent pas. C'est nous qui regardons cette chair du féminin dans cette unique couleur, ce rouge, qu'il déplie dans l'infini de ses variations : rouge du sang, rouge des règles, rose violacé quand, après une piqûre au doigt, le sang se dilue dans l'eau glacée pour tenter d'arrêter le flux.

La femme n'est pas blessée chez Garache. Bien au contraire, elle est là, elle nous attend, sans autre artifice que son corps, dans cette nudité à la fois très physique et aussi très indistincte. Comme si elle était tapie dans une grotte pour nous adresser des signes qui nous aideraient à mieux comprendre, nous dans le monde, ce que signifie avoir un corps, et combien, ô combien, la chair est d'essence féminine ; cette chair qui a dans la femme, dans toute femme, dans toutes les femmes, son lieu et son habitacle.

L.A.

Elle se tient devant nous, sans gêne et sans pudeur. Nue. Pas déshabillée. Elle a toujours été nue. Elle ne se montre pas. Elle semble intouchable. Se défie du temps, de l'usure du corps, de l'érosion. Rien à voir avec de l'érotisme. Elle s'en moque d'être vue. Elle fait comme si nous n'étions pas là. La peinture comme quête de l'invisible, de l'inépuisable. C'est Garache qui l'a choisie, cette toile qu'il a nommée *Couée*. Comme toutes ses cohortes de femmes qui ne portent jamais de noms ni de prénoms mais des noms de lieux-dits. Cette femme est bien vivante devant nous. Elle existe. Pendant longtemps, Garache lui a demandé de trouver sa pose, sa position, son point d'équilibre, de se mettre dans une disposition corporelle où justement elle fait corps avec elle-même. Ce n'est pas pour rien qu'Yves Bonnefoy parle d'icônes à propos des nus féminins de Garache.

Garache dit qu'il étudie le corps humain en rapport à l'espace. Peinture secrète, porteuse d'associations d'imaginaire, accompagnatrice de nos rêves. Le corps est inapprochable, impossible à capturer. Les femmes de Garache, même à terre, sont des guerrières.

L.A.

Couée, huile sur toile, 92 x 73 cm, 1996.

EDGAR
MORIN

L'homme qui pense que les femmes
sont supérieures aux hommes

J'ai eu la chance de rencontrer Edgar très jeune, quand j'étais lectrice dans une maison d'édition. On disait de lui déjà qu'il était un grand intellectuel, mais qu'il était incompréhensible. Ce n'était pas cela : Edgar est un volcan qui crache des idées sans cesse et dans différents domaines, et dans des directions opposées. Il faut, pour le comprendre, aimer le feu et la lave, ne pas avoir peur de se laisser emporter par son tourbillon d'idées.

Je me souviens de la première fois que je l'ai vu dans le bureau de son éditrice Monique Cahen qui est devenue sa décrypteuse et qui a très vite compris comment sa pensée se déroulait, se développait, s'enroulait. Morin, c'est Shéhérazade. Avec lui, on peut tenir des nuits entières. Morin a tout compris avant tout le monde. Relisez *La Rumeur d'Orléans* et vous comprendrez les mécanismes les plus pervers de notre société. Prenez son œuvre maîtresse, *La Méthode,* n'importe quel volume, à n'importe quelle page : intuition, fulgurance, plan sur la comète, ressourcement de la pensée à l'imaginaire – de toutes les pensées, car il est un ennemi de l'occidalocentrisme –, carburant pour l'avenir, matière poétique...

Pic de la Mirandole du XXe siècle, il pourrait faire son malin, aller parader en exhibant son savoir. Edgar, c'est tout le contraire : un timide, toujours peu sûr de lui, d'une courtoisie divine, à l'écoute des autres, s'intéressant à tout le monde et à chacun. Une merveille d'homme... qui a parfois honte d'appartenir à l'espèce masculine. Je crois bien que, certains jours, il préférerait... être une femme...

L.A.

Laure Adler : Quelle distinction faites-vous entre la femme et les femmes ?

Edgar Morin : Si on me dit que j'aime *les* femmes, je trouve que ce n'est pas vrai, parce que c'est frivole. Ça veut dire que c'est le désir qui me meut. Mais si je dis que j'aime *la* femme, cela implique une sorte de respect, de vénération, et je dirais d'adoration. La femme, c'est-à-dire tout ce qu'elle incarne dans l'ordre du sentiment, de la tendresse, de l'âme. Je suis très sensible à ce que dit Carl Jung sur le fait qu'il y a *animus* et *anima*. *Animus*, c'est l'esprit, le masculin. Et *anima*, c'est l'âme qui est féminine. *Animus* est en manque d'âme. Même s'il en a une petite, il a besoin d'en avoir une plus grande, et c'est la femme qui la lui donne. Personnellement, je le vis comme cela. Selon moi, la femme n'est pas seulement la complémentarité normale de l'homme. Elle est, dans cette complémentarité, profondément liée à la source vitale. Peut-être que je ressens les choses comme cela parce que j'ai perdu ma mère quand j'avais dix ans, et que je l'ai en quelque sorte divinisée – et ce, d'autant plus qu'elle s'appelait Luna ; quand je vois la Lune, je suis très ému. Le culte de ma mère, même à mon âge avancé, est resté très profond. On peut dire que tous les hommes aiment leur mère… Même les plus machos en Italie, ils aiment la *mamma*. Dans mon cas, c'est un peu différent parce que c'est à travers ma mère que j'ai adoré la femme, les femmes. Celles que j'ai aimées, elles portaient en elles le fait qu'elles avaient l'essentiel de la femme : cette capacité d'amour, cette capacité de compréhension, ce sentiment de fidélité.

L.A. : Vous rejoignez ainsi le vocabulaire des utopistes du XIXe siècle, comme le mouvement saint-simonien ou, par exemple, Charles Fourier, qui parle de l'avènement de la femme comme une possibilité de rénover la société.

E.M. : Certainement. Mais vous oubliez dans ces citations le plus important : c'est Auguste Comte. Parce qu'Auguste Comte, qui aimait Clotilde de Vaux, l'avait sacralisée et divinisée en faisant d'elle l'incarnation de l'humanité ! Dans le positivisme d'Auguste Comte, il y a une conception du monde totalement scientifique mais, par ailleurs, il y a aussi un contraire, subjectif, inouï. Durkheim lui-même disait que la sociologie ne sert à rien si elle ne sert pas à la société. Et *la* société, c'est aussi du féminin. Alors que l'État, c'est du masculin. Ce qu'ont manifesté ces auteurs du XIXe siècle, c'est quelque chose de très profond. À partir du XVIe siècle, l'Occident s'est mis à conquérir le monde et le déchaînement de sa puissance conquérante s'est doublé dès la fin du XVIIIe siècle du déchaînement de sa puissance matérielle, industrielle et économique. Il a également voulu dominer la nature pour maîtriser tout l'univers. Et pour dominer la nature, on domine les ouvriers, qui sont quasiment réduits en esclavage. C'est cela, le XIXe siècle ! Un déferlement de puissance qui, du reste, n'a pas cessé. Qui continue et qui conduit peut-être le monde à sa perte.

Dans ce monde où se déchaîne la puissance, au XVIIIe, au XIXe, des salons féminins se créent. Ces femmes protègent ainsi les musiciens, les poètes, les romantiques, les artistes, qui pour beaucoup sont adolescents ! La féminité devient le sanctuaire de l'âme occidentale. Alors que la civilisation perd son âme dans le déferlement de la puissance masculine, son âme s'exprime grâce aux femmes. Je pense par exemple qu'aucune musique de par le monde n'a autant exprimé la douleur, l'amour, la peine, la joie, que celle de Schubert, Schumann ou Beethoven... À cette époque, les femmes ont été le conservatoire de l'âme dans un monde de brutes. Le vrai problème dans ce monde – et je le dis dans mon livre *La Voie* –, c'est la symbiose du masculin et du féminin. Nous avons les deux cerveaux, masculin et féminin. L'un plus intuitif et globaliste ; l'autre plus abstrait et analytique. On ne peut pas bien vivre sans la combinaison des deux. De fait, chez les hommes, le cerveau analytique s'est surdéveloppé (du fait de cette puissance), et il s'est trouvé sous-développé chez les femmes. Elles ont en revanche connu le développement du cerveau global et intuitif. Nous avons donc besoin cérébralement de l'apport féminin. Je pense à la fameuse phrase d'Aragon : « La femme est l'avenir de l'homme. » Nous avons besoin d'une imprégnation plus grande, chacun, dans la bisexualité psychique. Il ne faut pas comprendre la bisexualité comme une orientation sexuelle, mais plutôt selon ce que disait Michelet : « J'ai les deux sexes de l'esprit. », être capable d'avoir la sensibilité de la femme et la qualité analytique de l'homme. D'ailleurs, les femmes comme les hommes doivent avoir les deux sexes de l'esprit ; chacun restant dans la dominante de son sexe.

L.A. : Donc, la femme est à écrire avec un F majuscule ? Faut-il penser à une sorte de culte qu'il faudrait reconnaître ? Ou plutôt à une imprégnation qui devrait toucher l'ensemble de la société ?

E.M. : Je ne souhaite pas que l'on institue un culte officiel. Ce que je crois, c'est que le monde a besoin d'une montée des valeurs féminines. Voilà. Le monde a besoin de cela. Nous vivons aujourd'hui dans le monde du pouvoir, le monde de l'efficacité. Ce monde est aussi celui de la compétitivité, de la rentabilité, de la compartimentation, de la bureaucratisation. Tout ça, ce sont des perversions du monde, dues à l'organisation masculine. Nous avons besoin du monde de la sympathie, de la compréhension d'autrui, de l'ouverture, etc. Bien sûr, il existe des hommes qui ont tout cela. Mais je crois qu'une fois pris par les machines créées par la civilisation masculine – je parle de machines administratives, bureaucratiques, des entreprises, etc. –, nous perdons ce qui est l'essentiel dans la vie.

L.A. : Selon vous, le féminin est-il exempt de toute lourdeur, de tout mécanisme de puissance ? Ne pourrait-on pas imaginer une plus grande prégnance du féminin par rapport à une civilisation millénaire qui a toujours privilégié le masculin, sans pour autant, effectivement, idéaliser le féminin ?

E.M. : Bien entendu. Je n'idéalise pas la femme que j'aime. Je peux voir en elle des carences, des lacunes... mais je la divinise car elle a quelque chose de divin que je n'ai pas. Elle m'émerveille.

L.A. : Et pourtant, on n'a cessé de nous dire qu'on avait, nous, les femmes, « moins » que vous, les hommes...

E.M. : Plus ! Les femmes ont plus, c'est évident. Plus d'amour, plus de sentiments, plus d'ouverture, c'est sûr. Cela dit, il y a bien sûr des exceptions ! Golda Meir, le quatrième Premier ministre de l'État d'Israël, Margaret Thatcher... Deux dames de fer.

L.A. : Indira Gandhi...

E.M. : Indira Gandhi n'était pas aussi phalloïde que les autres, tout de même. En tout cas, il y a des hommes très efféminés et il y a des femmes hypermasculinisées. Nous sommes d'une grande variété. On revient là à cet ancien débat autour de la nature et de la culture. Certaines femmes nient tout côté naturel, en disant même, par exemple, qu'il n'y a pas d'instinct maternel chez la femme. Cette thèse est absolument excessive ! S'il y a des femmes qui n'ont pas l'instinct maternel, il y a aussi des lionnes, des chattes, qui bouffent leurs enfants. La nature comporte des exceptions de toutes sortes. Selon moi, la femme est profondément liée à la maternité. Elle a en elle – jusque dans l'amour physique – quelque chose de plus lent, de plus rythmique, de plus aimant que certains hommes. Ce sont peut-être des banalités, des généralités qu'il ne faut pas prendre à la lettre, mais qu'il faut tout de même prendre « en gros ». Pour revenir au thème nature/culture, je profite d'une polémique récente sur le genre pour dire que la féminité culturelle est dans la féminité biologique et que la féminité biologique est dans la féminité culturelle. Ce sont les cultures qui soit inhibent, soit exagèrent certains traits. Dans le vêtement, la coiffure, le fard... Vous savez qu'à son époque Louis XIV se fardait ! D'ailleurs, dans beaucoup d'espèces animales, ce sont les mâles qui ont une parure superbe. À côté de ces choses qui ne sont pas décisives, que la culture surdétermine, il y a une dualité complémentaire entre hommes et femmes. Aujourd'hui, on commence à dépasser une certaine culture de la domination masculine. Cette culture qui s'est imposée dans le monde tribal d'abord, puis dans beaucoup de civilisations. La domination de l'homme dans tous les domaines y était normale. Au mieux, la femme pouvait être une maîtresse de maison.

L.A. : C'est tout de même en train d'évoluer...

E.M. : Bien sûr que cela évolue. Par strates. Certains événements comme

l'affaire DSK y contribuent. Dans ce cas précis, le monde masculin a pris conscience de ce que signifie un « viol » pour une femme. Moi-même, je n'en avais pas été imprégné, jusqu'à ce que ma fille Véronique rencontre des femmes croates, et surtout bosniaques, violées pendant la guerre de Yougoslavie. Elle m'a fait comprendre ce que signifie être violée, et notamment par un ennemi ! À mon avis, très peu d'hommes comprennent ce qu'est le viol. Moi qui ne suis pas machiste, qui n'ai pas du tout le tempérament autoritaire, encore moins violeur, j'ai besoin de sentir le consentement dans le regard de la femme, pour pouvoir l'aimer physiquement. Sans cela, rien n'est possible... C'est peut-être ma part féminine. Mais cela ne me donne pas toutes les cartes... Quand j'ai écrit mon livre *L'An zéro de l'Allemagne*, au lendemain de la guerre, je parlais de l'arrivée des troupes soviétiques en sachant qu'il y avait d'innombrables viols. Et j'ai écrit une phrase, que je vous retranscris de mémoire : « Mais enfin, qu'est-ce que c'est que ces viols, à côté de toutes les souffrances qu'ont subies les peuples soviétiques... ? » Comme si le viol était un mauvais moment à passer. Un type m'a poursuivi pendant des années pour cette phrase-là. Il aurait pu cesser, mais il a eu raison de me mettre le nez sur cette phrase que maintenant je regrette infiniment. C'est la tâche de sang intellectuelle que j'ai sur les mains.

L.A. : Pour revenir à un sujet plus léger, je n'ai pas oublié que vous avez été le premier, en France, à faire la sociologie des stars, à vous y intéresser comme phénomène de cristallisation. Ces stars étaient pour la plupart féminines. Est-ce parce qu'elles représentaient l'essence de la féminité qu'elles étaient reconnues comme stars sur le plan mondial ? Et pourquoi aujourd'hui n'y a-t-il plus de stars ?

E.M. : Ces femmes n'avaient pas seulement la beauté, la photogénie, la présence, elles avaient un je-ne-sais-quoi, comme aurait dit Jankélévitch, qui faisait qu'elles s'imposaient à l'écran. On ne peut pas fabriquer une star sans un visage qui ait déjà ce je-ne-sais-quoi. Et à partir de cela, la beauté ou les rôles qu'elles jouaient suscitaient un début de culte, pratiqué par les clubs de fans. C'est comme dans l'amour... Il y a quelque chose de religieux dans chaque amour. Ces stars, justement, ont suscité de l'amour. Il y avait aussi des stars masculines, comme Gary Cooper ou James Dean, entre autres. Aujourd'hui, je pense qu'il y a toujours des stars, mais elles se sont extrêmement diversifiées. Jusqu'à la fin, Elizabeth Taylor est restée une star. Et puis Sharon Stone, Nicole Kidman... Il y a toujours des vedettes qui répondent aux critères de la « starité ». Elles sont très demandées, très cher payées, elles ont beaucoup d'adorateurs... La machine à fabriquer des stars, Hollywood, n'existe plus. Les stars naissent toujours et même réapparaissent ailleurs, comme en Inde, à Bollywood. Le milieu de ce que j'appelais les « olympiens » s'est élargi. Désormais, on appelle cela le milieu *people*. D'ailleurs, le mot *people* signifie qu'il y a des gens qui sont vraiment des gens et d'autres qui ne sont que des « sous-gens ». Les stars font partie des *people*, comme Charlène Wittstock et le prince de Monaco, Zidane...

L.A. : Dans le formidable appareil conceptuel que vous avez élaboré pendant plus d'une décennie sur la complexité, quelle part dans cette définition de complexité accordez-vous à la féminité ?

E.M. : La complexité ne peut être que l'association du masculin et du féminin. Il n'y a pas de « pur » masculin ou féminin. D'ailleurs, l'homme a du féminin de façon récessive, comme des seins ; pourquoi a-t-on des tétons ? Et la femme, avec son clitoris, a de façon récessive un résidu de pénis. Chaque sexe possède en retrait et de façon secondaire les caractères et les qualités de l'autre. Hommes et femmes ont donc une bipolarité des deux sexes. Dans l'homosexualité, la part secondaire devient principale. La complexité, c'est la présence du féminin dans le masculin et celle du masculin dans le féminin.

L.A. : Vous avez eu la chance d'être aimé de plusieurs femmes.

E.M. : Et de les aimer.

L.A. : Et de les aimer. Vous avez écrit sur certaines d'entre elles. Qu'est-ce que cet amour féminin vous a apporté et est-ce que vous croyez qu'il vous a transformé intérieurement ? Et quelle rupture s'est opérée à l'intérieur de vous quand vous avez fait l'amour pour la première fois, tout en conservant l'idée de votre mère que vous avez perdue à l'âge de dix ans ?

E.M. : L'amour pour une femme n'a jamais dissous l'image de ma mère. Il s'est par contre nourri de substance maternelle. Les femmes ont toujours été très protectrices avec moi. Ma première compagne, Violette, qui est devenue ma femme, était une compagne de résistance. On était lié par une amitié devenant amoureuse. On s'est trouvé une fois dans un lit commun et on s'est aimé. Les femmes ont toujours été très protectrices avec moi. Ce fut le cas de Violette, quand j'étais chômeur... Elle a accepté un poste d'enseignante de philo en province. C'était une femme rassurante. Je savais par exemple que si elle avait été arrêtée par la Gestapo, elle n'aurait pas parlé... L'enfant unique que je suis ayant perdu sa mère a besoin non seulement de l'amour d'une femme, mais aussi que la femme aimée soit sûre. Violette était sûre. Edwige également. Par contre, Johanne, que vous avez connue peut-être...

L.A. : J'ai connu toutes vos femmes.

E.M. : Johanne disait, en parlant d'elle-même, ce vers de Baudelaire : « Belle comme la nuit et, comme elle, peu sûre. » Elle était formidable, elle avait plein de qualités. Mais quand elle avait bu, elle parlait sans mesure. Elle pouvait raconter à autrui des choses purement privées. Ça n'a pas empêché que je l'ai admirée et aimée. Chaque femme avec qui j'ai vécu m'a apporté quelque chose de décisif dans ma personne et mon destin. Chacune à sa façon était généreuse. Violette m'a aidé dans la rédaction de mon premier livre *L'An zéro de l'Allemagne*. Elle a été extraordinaire dans toutes les épreuves que j'ai subies, dont l'exclusion du parti communiste en 1951. Johanne était, je l'ai écrit dans mon *Journal de Californie*, une « comète d'amour ». Elle était fête et danses et, depuis elle, la danse est devenue une de mes passions. Par contre, Edwige était très secrète et seuls quelques uns ont connu sa profonde sensibilité et son intelligence. Elle fut une source permanente de poésie pour moi.

L.A. : Vous avez écrit un très beau livre sur Edwige. C'est rare des hommes qui écrivent après la mort de leur femme.

E.M. : Edwige, c'était quelque chose de très fort. Ce qui est étrange, c'est que toutes les femmes que j'ai aimées ont eu une enfance tragique. Tout comme moi, mais différemment. Violette peut-être un peu moins, mais elle était très malheureuse enfant, elle fut plus heureuse après, au lycée de Périgueux. Mais Johanne, elle, a été abandonnée par sa mère québécoise après la mort de son père martiniquais. Elle a vécu dans un couvent. Et quand elle a eu une liaison avec le cinéaste Claude Jutra, la famille (catholique) de celui-ci l'a influencé pour qu'il rompe avec elle, alors qu'elle était enceinte et qu'ils devaient se marier. Il en a d'ailleurs fait un film, après, par remord. Et j'ai vu le film avant de faire ma rencontre décisive avec Johanne. Mon amour pour Johanne a comporté le souci de la protéger. Et j'ai prolongé la protection après notre separation. C'est curieux d'ailleurs parce que j'ai à la fois besoin d'être protégé par la femme et de la protéger. Edwige aussi a eu une enfance malheureuse, très douloureuse, renfermée – son père chassé par sa mère... Comme elle était très fragile, souvent en danger mortel, ce rôle protecteur s'est hypertrophié en moi sans que je perde le sentiment qu'elle était mon ange gardien. Et maintenant, avec Sabah, ce qui est extraordinaire c'est que j'ai une nouvelle existence, une nouvelle jeunesse...

L.A. : Donc, vous êtes amoureux de nouveau ?

E.M. : Oui, je l'aime. Mais vous savez, il y a une communauté de destins entre nous deux qui nous liait avant que nous nous rencontrions. Il se trouve qu'elle a perdu son père quand elle était jeune enfant.

L.A. : Comme vous, vous avez perdu votre mère à l'âge de dix ans.

E.M. : Oui. Nous ne nous retrouvons pas seulement dans cette expérience commune de la souffrance précoce de la mort. De même que moi je me suis renfermé par rapport à mon père et à ma famille, elle s'est renfermée par rapport à sa mère et à sa famille. Nous avons vécu la même terrible solitude. Chacun de nous a gardé son chagrin pour soi et a caché ses larmes. Par ailleurs, elle a pu dépasser cette souffrance dans le militantisme, engagement qui lui a permis tout comme moi d'élever sa personne au niveau des causes nobles de son pays et du monde. Mais, très vite le caractère sectaire et dogmatique du mouvement marxiste-léniniste lui a été insupportable. Elle va mettre du temps, un peu comme moi, avant de trouver le courage de quitter l'organisation, car elle était partagée entre l'écoeurement et l'amour de la cause. Le hasard a fait qu'elle a lu à ce moment mon livre, *Autocritique*, où elle a retrouvé toute son expérience. Elle a trouvé dans mes livres, notamment dans *Mes démons*, des choses qui lui ont parlé d'elle. Donc, quand nous nous sommes retrouvés (ce n'était pas notre première rencontre) au Festival de musique sacrée de Fès, nous avons senti que quelque chose de commun nous unissait. Puis nous avons vu que ce quelque chose de commun comportait aussi la compassion à la misère, matérielle ou morale, l'horreur de l'humiliation d'autrui, la révolte contre l'injustice, la sensibilité à l'amitié, le souci du destin du monde. Sabah est dévouement et amour de l'autre. Je l'ai vue souvent mobilisée pour réparer une injustice ou réhabiliter une vérité. Sociologue de formation, Sabah s'est consacrée aux problèmes de l'exclusion et de la pauvreté dans les villes, notamment celles du sud. En ce sens elle m'a éclairé sur bien des problèmes liés à la complexité de la relation Espace/Société, et est devenue ma collaboratrice. Je signale que Sabah Abouessalam a rédigé la partie traitant de la ville et de la pauvreté dans mon livre *La Voie*. Il y a indiscutablement avec Sabah une relation intellectuellement complémentaire, coopérant l'un avec l'autre, en France, au Maroc et en Amérique latine.

L.A. : Finalement, vous ne pouvez pas vivre sans femme, sans être amoureux ?

E.M. : Le mot « amoureux » est un peu plat, parce qu'on peut être amoureux pendant un temps... Je préfère « aimer »... Je suis certes un type qui a tendance à être amoureux. Mais il y a des attractions amoureuses qui se dissolvent assez facilement, alors qu'aimer, cela reste indélébile. Et pour moi, la femme aimée est en même temps sœur, mère, fille. Je la protège et suis protégé par elle. Je ne peux pas vivre sans aimer. J'étais l'autre jour avec Patrick Viveret qui avait lu je ne sais pas où : « Pour vivre vieux, il faut avoir de l'humour, de la bonne humeur, et aimer. » Je me suis dit : « Ah ! Eh bien, c'est peut-être ça... »

Illustration de Pierre Mornet

PAP
NDIAYE

Pour une histoire croisée du féminisme
et de l'antiracisme

Pap Ndiaye est, à mes yeux, l'un des intellectuels français les plus prometteurs, car porteur d'une vision de notre future société métissée. Connaisseur de l'Amérique, spécialiste de la condition noire aux États-Unis où il a vécu dans les années 1990, il enseigne aujourd'hui en France, à l'École des hautes études en sciences sociales. Militant antiraciste, il se porte au combat à chaque fois que notre gouvernement actuel s'en prend à la race, à l'origine ethnique, et, malheureusement, il a fort à faire... Il n'est pas seulement un théoricien, il est aussi un citoyen engagé, qui milite au Conseil représentatif des associations noires de France, le CRAN. Auteur de *La Condition noire : essai sur une minorité française*, et de *Les Noirs américains : en marche pour l'égalité*, il a aussi écrit un texte très personnel, co-signé avec sa sœur Marie, sur ce que signifie, dans le regard des autres, être vu donc reconnu comme... un Noir.

La lutte antiraciste a fait beaucoup de progrès en France. Elle a eu, comme le féminisme, ses belles années de militantisme, ses organisations, ses adhérents, ses grandes manifestations. Aujourd'hui, elle semble un peu ringarde, car dépassée. Comme le féminisme... Hélas, je ne le crois pas. Même si les jeunes générations pensent – et le prouvent – que nous naissons libres et égaux, je crois que la lutte contre le racisme et l'antisémitisme est plus que jamais une priorité.

L.A.

L'histoire du féminisme, dans ses réflexions théoriques comme dans ses combats militants, a été profondément marquée par ses relations avec l'antiracisme et de manière générale les luttes pour l'égalité des droits des minorités racialisées. Les analogies entre les situations faites aux femmes et celles faites à ces minorités ont été soulignées à maintes reprises, et elles ont été utiles à la mobilisation militante.

On pourrait alors penser que féminisme et antiracisme ont cheminé main dans la main. Au vrai, aujourd'hui, il est probable que l'écrasante majorité des féministes se déclarent aussi antiracistes par principe, et vice versa. Pourtant, les deux luttes n'ont pas des trajectoires identiques, et leurs histoires entrecroisées ont été faites de tensions et de débats.

FÉMINISME ET ANTIRACISME : DES LUTTES CONVERGENTES

Ces croisements ont été particulièrement visibles aux États-Unis, en raison, notamment, de la proximité géographique, dans l'espace national, des femmes blanches et des minorités racialisées, en particulier des Noirs, sur une longue période historique. Dans les années 1830 et 1840, le mouvement abolitionniste comprenait des associations de femmes militantes qui s'engageaient pour des raisons morales, religieuses et stratégiques. Elles dénonçaient l'esclavage comme brisant les familles et contraire aux enseignements de la Bible. Les plus militantes organisaient des conférences, des levées de fonds, publiaient des articles. Elles trouvaient dans la situation de domination faite aux esclaves du sud des États-Unis des analogies avec la leur, et espéraient qu'avancer la cause des uns servirait la cause des autres. Les sœurs Sarah et Angelina Grimké (1792-1873 et 1805-1879), issues de la bonne société quaker, étaient deux des militantes les plus ardentes, qui estimaient que l'abolitionnisme ouvrait la voie à d'autres débats. En 1836, elles firent scandale pour avoir pris la parole devant un public mixte. Ce sont les difficultés qu'elles rencontraient pour populariser la cause de l'abolitionnisme, les injonctions à « rester à la maison », qui les transformèrent en militantes féministes. Elles en étaient venues à penser que les causes abolitionniste et féministe étaient indissociables sur un plan moral et politique. Ce voisinage des causes était aussi bien visible chez Sojourner Truth (1797-1883), une ancienne esclave militant pour l'abolition et pour les droits des femmes, qui n'hésitait pas à monter à la tribune, grande et droite, sous les quolibets. Truth parlait de son expérience de femme noire, au croisement de la domination raciale et de genre. Il est impossible de comprendre l'histoire de l'abolitionnisme si on ne considère pas sa composante féministe[1].

Mais la fin de l'esclavage n'eut pas de conséquences particulières sur la situation des femmes américaines. L'abolition ne plaça pas l'agenda de ce « premier féminisme » au premier plan. La déception politique des premières militantes féministes a eu des prolongements jusqu'à aujourd'hui : le sentiment que les questions raciales ont presque toujours la priorité politique sur celles de genre. La victoire de Barack Obama sur Hillary Clinton lors des primaires démocrates de 2008 fut analysée dans cette perspective par certaines féministes américaines blanches pour qui il était prioritaire de briser l'exclusivité mâle à la Maison Blanche. En tout cas, on assista à la fin du XIXe siècle à une disjonction des questions raciale et féministe : l'institutionnalisation de la ségrégation et le racisme virulent ne suscitaient pas les mêmes mobilisations que l'esclavage ; les associations féministes se concentraient sur leurs propres causes, à commencer par l'obtention du droit de vote pour les femmes. Quant à la National Association of Colored Women, fondée en 1896 pour représenter les femmes afro-américaines, elle trouvait peu d'espace entre les associations centrées sur la « race », comme la NAACP (National Association for the Advancement of Colored People), et celles centrées sur les femmes, comme la NAWSA (National Women Suffrage Association). Rares étaient celles, comme Jane Addams (1860-1935), première américaine à obtenir un prix Nobel en 1931, qui associaient au militantisme féministe celui pour les droits des Noirs. De fait, l'obtention du droit de vote pour les femmes, en 1920, fut acquise au moment où les lynchages et les violences contre les Noirs atteignaient des sommets. Beaucoup de militantes féministes blanches ne voulaient pas de femmes noires à leurs côtés, afin de ne pas s'aliéner les sudistes, si influents politiquement au Congrès et ailleurs, dont elles avaient besoin pour obtenir le droit de vote. Quant aux femmes noires, le poids du racisme structurel de la société américaine était tel que beaucoup d'entre elles ne voyaient pas en quoi elles partageaient des intérêts communs avec une partie, même dominée, du monde blanc.

Pourtant, sur le fond, les demandes avaient des points communs évidents : les femmes comme les Noirs du Sud étaient privés du droit de vote, et les uns comme les autres revendiquaient l'accès à des domaines réservés aux hommes blancs. Le droit de vote aux femmes ne modifiait pas substantiellement les grands équilibres politiques

---

1 Nancy Cott, *No Small Courage. A History of Women in the US*, Oxford, Oxford University Press, 2000.

issus de la fin de la Reconstruction (1877), qui s'étaient opérés aux dépens des Noirs.

Une remarque similaire peut être faite du côté français, puisque le mouvement féministe ne se préoccupa guère des questions coloniales, en dépit de convergences théoriquement envisageables autour de l'égalité des droits. Pour des raisons stratégiques (ne pas s'aliéner le monde politique majoritairement procolonial, y compris à la SFIO) et qui tenaient aussi aux préjugés de féministes, françaises, américaines ou britanniques souvent issues des couches bourgeoises, à l'égard des non-Blancs, le féminisme et l'antiracisme se tournaient généralement le dos.

DES DIVERGENCES

Les principes de l'égalité des droits, qui encourageaient les rapprochements, ne doivent pas masquer les différences et les limites des analogies. Les féministes ont longtemps eu recours au langage mobilisateur de l'analogie avec l'esclavage, la colonisation, la domination raciale, sans que cela engage nécessairement une réflexion sur les expériences coloniales et postcoloniales des femmes non blanches. Cela me semble vrai de part et d'autre de l'Atlantique. Dans *Le Deuxième Sexe* (1949), Simone de Beauvoir compare l'oppression subie par les femmes à celle des esclaves. Elle reconnaît certes les différences de situation, en soulignant que les femmes vivent dispersées, qu'elles sont attachées aux hommes par des liens spécifiques, et qu'elles manquent de liens communautaires. Mais c'est pour estimer que la relation homme-femme est marquée par une domination plus radicale, plus fondamentale, que celle entre le maître et l'esclave. Ce faisant, elle n'engageait la réflexion ni sur la situation des femmes esclaves, ni sur les rapports de domination que des femmes blanches ont pu exercer sur des femmes et des hommes non blancs dans le contexte esclavagiste ou colonial.

Cela est encore plus vrai du côté de Betty Friedan, auteure du non moins influent *The Feminine Mystique* (1963), étonnamment aveugle aux situations des femmes minoritaires (ainsi que des ouvrières), alors que le mouvement pour les droits civiques était à son apogée. Les maisons de banlieue, qu'elle qualifiait de « camps de concentration confortables » pour les femmes, étaient d'abord celles de la classe moyenne blanche, la sienne.

Il est vrai que, parallèlement, du côté des animateurs du mouvement des droits civiques, les questions féministes étaient tout à fait délaissées. Martin Luther King et la plupart des militants des droits civiques étaient conservateurs du point de vue des relations de genre, et ils n'envisageaient qu'un rôle d'appoint pour les femmes dans leur insurrection non violente. À leurs yeux, en suivant un raisonnement voisin de celui de la gauche marxiste, les logiques de genre risquaient d'affaiblir le front antiraciste, et devaient donc être, au mieux, remisées à plus tard. Y compris au sein d'organisations plus radicales que la SCLC (Southern Christian Leadership Conference) de King, comme le CORE (Congress of Racial Equality) et surtout le SNCC (Student Nonviolent Coordinating Committee) qui préfigurait le *Black Power*, les militantes se plaignaient de la place marginale qu'on leur assignait dans le mouvement, quand ce n'était pas, pour reprendre le mot fameux de Stokely Carmichael, « la place horizontale ». Comme les abolitionnistes du milieu du XIXe siècle, les femmes jouèrent pourtant un rôle important dans le mouvement des droits civiques. Une nouvelle génération militante de jeunes étudiantes idéalistes était avide d'engagement dans le Sud profond, y compris au risque de leur vie. Chemin faisant, elles affrontèrent le sexisme de leurs compagnons, partagèrent leurs expériences vécues et s'organisèrent en une multitude de groupes, souvent affiliés à la NOW (National Organization for Women). Les questions étaient moins celles de l'égalité des droits que de la politisation de questions auparavant considérées comme « personnelles ».

COMMENT ARTICULER CES DEUX COMBATS ?

Le deuxième féminisme naquit de cette contradiction historique de la nouvelle gauche. Cette dernière était à la fois héritière et reproductrice de rapports de genre inégaux, et offrait aux femmes des espaces sociaux où elles pouvaient construire un mouvement autonome et expérimenter des formes inédites d'*empowerment* (au sens de faciliter la capacité d'agir de celles qui sont dominées). Comme à l'époque de l'abolitionnisme, la cause des Noirs avait servi de tremplin intellectuel et politique à celle des femmes. Mais une question restait en l'état : quels liens le féminisme en essor des années 1970 pouvait-il conserver avec la cause de l'égalité raciale ? La question se posait d'autant plus que les femmes noires et hispaniques n'étaient guère présentes dans le mouvement féministe américain – une remarque voisine pourrait être faite pour le cas français. Depuis cette époque, le féminisme américain a été traversé par des débats récurrents sur l'articulation entre genre et « race ».

Certaines féministes blanches rejetaient la responsabilité de leur moindre engagement sur les femmes minoritaires elles-mêmes, en pointant leur faible conscience politique, ce qui était faire bien peu de cas des multiples formes d'engagement de ces femmes, bien visibles à l'échelle communautaire. En fait, leur engagement moins important dans le féminisme, bien réel, lui, tenait surtout au poids perçu du racisme dans la société américaine, éclipsant le reste et suggérant donc des formes de solidarité prioritairement raciales plus que genrées. Il pouvait aussi tenir à une certaine méfiance à l'égard des militantes blanches, issues de couches sociales aisées, éduquées dans des universités prestigieuses, dont la vie n'avait pas grand-chose à voir avec la leur. L'historienne Sara Evans a d'ailleurs raconté les tensions entre militantes noires et blanches du SNCC, dans le Sud profond, dans une de ses publications en 1980[2]. Tout en élargissant son champ d'action par rapport au premier féminisme, le second féminisme butait sur la question lancinante de son ethnocentrisme.

DES LUTTES DIFFÉRENTES MAIS ATTENTIVES LES UNES AUX AUTRES

Ce qu'on appelle le « troisième féminisme » est donc né de cette impasse (cela n'est pas exclusif d'autres questions, en particulier celle des sexualités et des identités sexuelles multiples), en s'efforçant de penser ensemble les questions féministes et antiracistes, ce qui nécessitait un dépliage théorique qui n'avait pas été fait jusque-là. Il nécessitait aussi la prise de parole par des féministes noires, hispaniques, amérindiennes, à même de faire valoir des expériences particulières historiquement négligées par le féminisme. Plusieurs courants se sont dessinés au sein de ces féminismes minoritaires. Certains ont posé le féminisme noir comme une alternative radicale, au regard de la nature particulière des relations entre femmes et hommes noirs[3]. Eu égard à la situation de domination des hommes noirs américains, le patriarcat de la société afro-américaine n'a pas été comparable à celui de la société blanche. Le sexisme noir serait donc différent du sexisme blanc, ce qui permettrait de mettre l'accent prioritairement sur des formes de solidarité avec les hommes noirs en visant la fin de l'ordre racial.

Mais d'autres ont critiqué ce point de vue, en indiquant qu'il n'y avait pas de raison d'être plus indulgent à l'égard du sexisme noir que du sexisme blanc, et que les violences que les hommes noirs peuvent exercer sur les femmes noires ne doivent pas être passées sous silence au nom de l'oppression, bien réelle par ailleurs, qu'ils subissent. En

2 Sara Evans, *Personal Politics. The Roots of Women's Liberation in the Civil Rights Movement and the New Left*, New York, Vintage Books, 1980.

3 Voir Elsa Dorlin (textes rassemblés par), *Black Feminism. Anthologie du féminisme africain-américain (1975-2000)*, Paris, L'Harmattan, 2008 ; Margaret A. Simons, « A Schism in the Sisterhood », *Feminist Studies*, vol. 5, n°2, 1979, p. 384-401.

ce sens, le féminisme noir n'est pas une alternative, mais une sensibilité particulière du féminisme, spécialement attentive au racisme, mais qui ne place pas nécessairement ce dernier en position prioritaire. Il est vigilant à l'égard des effets de la domination raciale sur les relations de genre : du côté des hommes, le racisme et les discriminations raciales subies ne vaccinent pas contre le sexisme et les discriminations de sexe, mais ils ne les aggravent pas nécessairement non plus. Ils peuvent prendre des formes particulières, elles-mêmes encastrées dans l'histoire des sociétés postcoloniales.

Ce serait ainsi à chaque femme de penser la nature de l'oppression subie, sans hiérarchie établie *a priori* entre race, genre et classe. Ce féminisme noir « pragmatique » ne méconnaît pas la racialisation subie par les hommes noirs, mais il n'en fait pas un argument susceptible de les dédouaner systématiquement de la domination genrée qu'ils peuvent exercer. À l'inverse, il est aussi attentif à ne pas oublier la racialisation et ses effets sur les relations entre femmes et hommes des groupes minoritaires. On comprend dès lors que le féminisme noir ne concerne pas uniquement des femmes noires, même si ces dernières sont intéressées au premier chef, mais qu'il pose des questions sur lesquelles chacun est invité à exercer sa vigilance et éventuellement sa mobilisation.

UNE LUTTE POLITIQUE ESSENTIELLE

De manière plus générale, le féminisme peut être pensé d'abord en tant que lutte politique essentielle à la démocratisation des sociétés (la question des rapports de genre) plutôt que *via* l'identité sexuelle de ses représentantes – même si les femmes, ayant un intérêt tout personnel à faire reculer les injustices genrées, sont naturellement plus représentées dans les associations féministes que les hommes, de même que les homos tendent à être surreprésentés dans les associations homos, les Noirs dans les associations noires, etc. Il est normal que le féminisme soit prioritairement attentif aux injustices subies par les femmes, plutôt qu'à celles subies par les minorités visibles, par exemple, et qu'il développe des compétences intellectuelles et organisationnelles spécifiques sur le sujet. Inversement, une association antiraciste mettra plus volontiers l'accent sur l'injustice raciale, ce qui ne signifie pas qu'elle doive être aveugle aux interactions entre race et genre, d'autant que les femmes non blanches se trouvent au croisement des deux. Ces accents différents ne constituent pas une entorse à l'universalisme démocratique, mais plutôt un moyen de l'enrichir par le débat, éventuellement par le différend. En cela, il est utile, me semble-t-il, de penser les différences entre le féminisme et l'antiracisme : c'est peut-être la meilleure manière de les encourager à collaborer, à entrecroiser leurs histoires, à faire reculer les injustices.

La démarche n'est pas aisée, tant en France qu'aux États-Unis : d'un côté, une partie du monde féministe a instillé le soupçon que les hommes non blancs seraient héritiers de cultures soumettant les femmes à une domination inacceptable (en France, les ultras de la laïcité se sont rapprochés d'un Front national désormais « féministe » avec l'islamophobie comme ciment idéologique) ; de l'autre, l'antiracisme a pu regarder le féminisme comme une nouvelle manière de faire taire les revendications des groupes minoritaires et de dénier les effets délétères du racisme et des discriminations (au risque de taire les violences subies par les femmes dans les groupes minoritaires). Il n'est pas question de donner la préférence à l'antiracisme par rapport au féminisme, ou vice versa, mais de soumettre chaque lutte au questionnement critique de l'autre. Il s'agit finalement de penser un féminisme antiraciste et un antiracisme féministe, c'est-à-dire des luttes qui ne s'engagent pas dans une concurrence destructrice, mais qui soient systématiquement attentives les unes aux autres.

Illustration de Charlotte Gastaut

STÉPHANE
HESSEL

Éloge de l'amour

Après la publication de ses *Mémoires* que Françoise Perrot avait édités, j'avais souhaité rencontrer Stéphane Hessel. Je suis tombée immédiatement sous le charme de ce jeune homme avide de curiosité, connaissant la poésie européenne des trois derniers siècles et sachant réciter des poèmes de Mallarmé, de Rilke ou de Baudelaire par cœur à l'improviste, amoureux des autres et s'intéressant fort peu à lui-même. Très vite, entre nous, ce fut un coup de foudre. En tout cas, moi pour lui, et pour sa femme qui joue un rôle prépondérant dans sa vie. J'ai eu le grand honneur de l'éditer, et son livre de poèmes, *Ô ma mémoire*, est pour moi une merveille. Notre amitié s'est consolidée dans cette expérience et ce partage. Puis, peu après, il m'a proposé de suivre une transhumance au Larzac avec ses amis bergers, d'aller dans les territoires occupés rencontrer des intellectuels palestiniens... Stéphane ne tient pas en place. Stéphane aime se déplacer. Stéphane aime écouter, comprendre, échanger, partager et... s'indigner.

Aujourd'hui, il est devenu une personnalité médiatique. Ça le fait d'ailleurs rigoler. Quand je suis allée le voir dans son petit appartement du XIVe arrondissement de Paris pour faire cet entretien, son téléphone n'a pas arrêté de sonner, et il laissait filer sa messagerie qui le sollicitait toutes les trois minutes pour des entretiens. « Je ne suis ni un spécialiste ni un professionnel de l'indignation, donc je ne vais pas décrocher. Et puis ma femme trouve qu'on me voit trop, il ne faut pas que je devienne cabot. »

Tous les cinq ans, je fête mon anniversaire et, *of course*, Christiane et Stéphane sont invités. J'adore danser. À la fin du repas, Stéphane m'invite... Nous ouvrons le bal...

L.A.

Laure Adler : Stéphane, on va peut-être commencer par la figure de votre mère. Est-ce qu'elle a eu une influence sur votre vision du monde ainsi que sur les notions d'engagement et de résistance ?

Stéphane Hessel : Évidemment, ma mère est tout à fait essentielle pour moi, pour ma vie, et aussi pour mon contact avec les femmes. N'ayant que peu connu mon père, j'ai été sous l'influence de trois femmes. Dont ma mère, un personnage assez exceptionnel dans le domaine de l'éthique. C'est-à-dire qu'elle avait, non pas une morale, mais une très forte éthique. Elle savait quelles étaient les valeurs sur lesquelles elle était prête à miser sa vie : la passion amoureuse, mais aussi la philosophie, l'éthique. En revanche, la morale bourgeoise du milieu dont elle sortait, qui était le bon milieu prussien protestant de l'Allemagne wilhelminienne, de ça, elle n'en voulait rien savoir. Elle m'a donné, à moi, une éducation assez particulière, dans laquelle la femme, justement, avait une très grande importance. Elle m'a fait aimer la féminité, et elle m'a fait comprendre qu'il fallait être heureux à tout prix. Être très heureux, pour répandre du bonheur autour de soi. Je pense que c'est plutôt une attitude de femme qu'une attitude d'homme, qui, lui, n'a pas tellement besoin de rendre les autres heureux, mais cherche plutôt à les posséder. Alors qu'elle, pas. Dès mon plus jeune âge, une autre femme a beaucoup compté pour moi : c'était ma gouvernante. C'est quelque chose qui n'existe plus guère aujourd'hui. Je rappelle toujours le rôle que cette femme a joué vis-à-vis d'un petit garçon colérique, rageur, à qui elle a expliqué que la colère ne menait à rien, et que ce qui menait au succès, c'était la gentillesse. Elle m'a tellement convaincu que, depuis, je souffre presque du fait d'être trop gentil. J'ai beaucoup de mal à manifester ma réprobation, même si parfois j'en ai envie. Ces deux femmes, en l'absence d'homme important dans mon enfance, ont évidemment fait de moi un admirateur de la femme. Je le suis depuis lors, et très fortement.

Mais il y a eu une troisième femme dont je peux aussi dire un mot, sans être indiscret à l'excès. C'est celle qui m'a appris l'amour, sous ses deux formes. Sous la forme de la sexualité, bien sûr. Mais aussi sous la forme de l'affection amoureuse. Cette femme avait dix-sept ans de plus que moi, au moment où moi-même j'en avais dix-sept. Elle en avait donc trente-quatre. Elle venait d'une famille belge, intéressante. Elle avait pour sœur la femme d'Aldous Huxley, l'écrivain britannique. Nous sommes tombés amoureux l'un de l'autre. Je pense pouvoir le dire. Je pense qu'elle a été amoureuse elle aussi de ce jeune adolescent de dix-sept ans, qui ne connaissait pas encore l'amour. C'est elle qui m'a donné à connaître ce qu'est une femme, ce qui fait plaisir à une femme, et ce qui fait plaisir à un homme. De sorte que j'ai appris l'amour de la manière la plus merveilleuse : sans violence, sans le sentiment d'avoir à conquérir, d'avoir à lutter, mais plutôt par l'envie de plaire, de réussir à plaire, de réussir à faire du bien à une femme qui était à un moment de sa vie où elle avait, en effet, envie d'être aimée.

L.A. : Avez-vous eu l'impression que votre mère aurait préféré avoir une fille, et que finalement, vous étiez une sorte de fille manquée pour elle ?

S.H. : Non... Je ne crois pas. Je crois que ma mère aimait surtout les hommes, tout en ayant des amies femmes importantes. Elle n'a jamais, je crois, pratiqué l'amour entre femmes, mais elle avait beaucoup de plaisir à être admirée et aimée par elles. Ainsi, elle a vécu les trente dernières années de sa vie avec une amie femme, ici, à Paris. Et elle a, je crois, beaucoup contribué à faire de ce couple un couple qui marchait bien.

L.A. : Vous avez donc eu très jeune un concept de la féminité qui était supérieur à celui de la masculinité. C'est très rare, ça, dans la vie d'un homme.

S.H. : Je crois que c'est en effet une de mes caractéristiques. Le modèle de vie, pour moi, c'était ma mère, c'était donc une femme. Et le modèle masculin, mon père, était un sage, un petit peu dégagé des biens de ce monde, pour lequel j'avais une sympathie, mais pas beaucoup d'admiration. Mon admiration allait à ma mère.

L.A. : Dans la Résistance, et dans l'histoire qu'on en fait aujourd'hui, on méconnaît beaucoup trop le rôle des femmes. Est-ce que vous pourriez évoquer ce rôle ?

S.H. : Dans mon aventure personnelle, il n'y avait pas beaucoup de femmes. Sauf à Londres. Pendant mon passage auprès du général de Gaulle, les deux ans où j'ai vécu là-bas, ma femme m'a rejoint. Nous étions à cette époque un ménage, un couple amoureux, très amoureux. Sans quelques journées pendant la guerre dont je garde un souvenir particulièrement intense, je n'aurais pas vécu ces moments graves de la vie où l'on se sépare en ne sachant pas si l'on va se retrouver. Dans cette maison du major Bertram, on attendait avec Vitia, ma femme, pendant deux jours, que le petit Lysander puisse se poser en France, près de Montluçon. La lune devait être la bonne... C'était des journées très fortes. Qui donnent à l'amour une force très particulière.

L.A. : Et dans l'historiographie qui est faite de la résistance, on voit bien que des femmes ont contribué...

S.H. : Alors oui. Pour moi, une femme comme Germaine Tillion est l'exemple même de la grande résistante et de celle qui a su écrire sur la déportation. Jacqueline Pery également, qui a été une amie merveilleuse. Elle a été déportée, elle aussi. Elle était la femme d'un Pery communiste qui a beaucoup résisté. Nous étions très proches. De même, pendant la période où Vitia était en Amérique, il y avait une merveilleuse Écossaise qui me donnait du bonheur. Les femmes... Mais les femmes héroïnes ! Pour moi, naturellement, Anise Postel-Vinay, Germaine Tillion sont de très grandes résistantes. Marie-Claude Vaillant-Couturier, également, mais je ne l'ai pas personnellement connue.

L.A. : Et bien d'autres femmes dont on ignore aujourd'hui les noms...

S.H. : Oui ! Des amies de ma femme, les sœurs Bouloche, par exemple, ont joué un rôle très actif dans la Résistance. Leurs parents ont été déportés par leur faute. Elles étaient très actives, la Gestapo les a repérées et a mis la main sur leurs parents. Ils ne sont jamais revenus de déportation ! Pour des femmes comme ça, le souvenir de leur attachement total à la Résistance, « Tant pis pour les parents », c'est quelque chose de très fort.

Il faut que j'ajoute, parce que cela fait partie de notre propos, que ma mère était à cette époque en attente en Savoie, avec sa nationalité allemande, à espérer que tout allait bien pour moi. Je suis allé la chercher en arrivant en France. Je lui ai proposé de venir travailler avec moi, dans ma petite équipe du réseau Gréco, qui était une toute petite équipe. On était peut-être sept ou huit. Quand j'ai été arrêté, quelques mois plus tard, elle a eu le courage, l'astuce, de filer aussitôt, de retourner en Savoie. De sorte qu'elle n'a pas été prise. Mais je l'ai quand même beaucoup exposée.

L.A. : Que lui demandiez-vous ?

S.H. : Je lui demandais de travailler comme agent de liaison avec différents réseaux, qui étaient nos correspondants pour la mise en place des appareils de transmission radio. Ma mission, Gréco, consistait à donner à tous les réseaux de renseignement un nouveau réseau de communication radio opérationnel lorsque adviendrait l'invasion de la France par les Alliés. C'était au printemps 1944. D'avoir fait venir ma mère, de l'avoir installée à l'hôtel Bonaparte, et de lui demander de nous aider, nous la petite équipe, c'était assez culotté. Mais le fait qu'elle ait accepté sans un moment d'hésitation montre à quel point nous avions besoin de femmes.

L.A. : Justement, est-ce que vous, les jeunes résistants, considériez à l'époque les femmes à égalité avec vous ? Il n'y avait pas du tout de sexisme ?

S.H. : Je ne crois vraiment pas. Il y avait une femme qui s'appelait Tulipe et qui travaillait dans le réseau Fratrie, un des bons réseaux de renseignement. Tulipe jouait exactement le même rôle que les hommes qui l'entouraient. On n'avait pas le sentiment que les hommes comptaient plus que les femmes. Mais il va sans dire que

c'était encore une période où on plaçait les femmes un petit peu dans la deuxième zone, plutôt que dans la première.

L.A. : D'ailleurs, il n'y a pas de livre important sur le rôle des femmes dans l'histoire de la Résistance. C'est un manque historiographique, c'est un manque mémoriel, et on peut s'en étonner aujourd'hui.

S.H. : Tout à fait. Et justement, on dit volontiers que les jeunes filles, les jeunes femmes ont joué un rôle merveilleux, mais c'était toujours un peu comme si elles étaient des soubrettes et pas des dirigeantes. Bien entendu, il y a eu Marie-Madeleine Fourcade, Lucie Aubrac... Il y avait donc des femmes très importantes. Mais c'était alors plutôt l'exception que la règle. Ce qui était le plus fréquent, c'étaient des petites jeunes filles qui acceptaient de porter des messages ou de servir des boîtes à lettres, mais qui ne jouaient pas de rôles majeurs.

L.A. : Peut-être pas majeurs, mais indispensables.

S.H. : Absolument.

L.A. : Comment avez-vous perçu la décision du général de Gaulle de donner le droit de vote aux femmes ? Était-ce dû à leur rôle dans la Résistance ou bien au retard que la France accusait dans ce domaine par rapport aux autres pays européens ?

S.H. : Bien sûr, la France libre a été très influencée par la Grande-Bretagne, concernant les problèmes sociaux notamment, avec l'influence de William Beveridge par exemple. Le rôle des femmes était en effet déjà très fort en Angleterre, et il était voué à l'être dans toute l'Europe. En Allemagne aussi d'ailleurs, alors que les Anglais géraient le passage du nazisme à la *Bundesrepublik*. Je pense que, pour de Gaulle, il était évident à son retour d'Angleterre qu'il fallait faire voter les femmes.

L.A. : Dans vos souvenirs, comment se sont passées ces premières élections ? Quand on regarde la presse de l'époque, on s'aperçoit que beaucoup de femmes ont hésité à aller voter, que les journaux disaient qu'elles voteraient comme leurs maris... En cela, certains partis politiques avaient peur du vote des femmes, notamment les partis de gauche. Comment vous souvenez-vous de cette période ?

S.H. : J'ai l'impression que le mouvement de revendication des femmes est tardif en France. Je dirais qu'il ne surgit même pas tout de suite après la Libération. Je le situe plutôt dans les années 1950-1960, porté par des femmes telles que Simone Veil, bien sûr. Mais il a fallu du temps, car le machisme français était quand même sensible. Je n'en étais pas. Je me suis toujours considéré comme vrai féministe. Je n'ai jamais eu d'hésitation à penser qu'il était totalement injuste de ne pas donner aux femmes le même rôle que les hommes, peut-être même un plus grand rôle. Je me souviens avoir lu un livre intéressant de Jean Markale sur la femme celtique. Je me suis dit : « Voilà une civilisation qui avait vraiment donné son rôle à la femme », un rôle que moi je souhaitais lui voir jouer parce que j'étais aussi un amoureux de la femme. Dès mon plus jeune âge, je considérais déjà la femme comme l'être le plus poétique, l'être à aimer. J'avais donc un immense respect pour ce que représentait la femme. Je le dois naturellement beaucoup à ma maman.

L.A. : Et ensuite, pensez-vous que l'arrivée au pouvoir de la gauche en 1981 a modifié la donne sur le rapport hommes/femmes, vers une véritable parité, mais sans amener encore, hélas, de représentativité dans le cercle du pouvoir ?

S.H. : Oui, je crois qu'il y a un long passage entre le moment où tout le monde dit : « Bien sûr ! Égalité absolue des hommes et des femmes ! Parité si possible, etc. », et le moment où on le fait. Aujourd'hui encore, l'égalité est loin d'être atteinte. On le sait. On le regrette, mais on ne fait pas grand-chose pour que ça change.

L.A. : Cela fait également partie de votre manifeste, *Indignez-vous*. Il faut s'indigner contre cette absence de reconnaissance d'une égalité réelle entre les hommes et les femmes.

S.H. : Ça fait partie de tout ce qui est atteinte aux vraies valeurs démocratiques. Pour moi, dans les vraies valeurs démocratiques figurent l'égalité hommes/femmes et le ressourcement de nos sociétés par la contribution accrue, importante, du deuxième sexe. De l'autre sexe plutôt, pas forcément le deuxième.

L.A. : Vous souvenez-vous, justement, avoir lu Le *Deuxième Sexe* de Simone de Beauvoir ? Et vous rappelez-vous l'effet que cette lecture a produit en vous ?

S.H. : Oui, c'est un livre qui m'a beaucoup intéressé et avec lequel j'étais d'emblée d'accord. Je n'avais pas besoin d'être convaincu. Je pensais comme Simone de Beauvoir que réduire les femmes à une espèce de rôle social particulier, différent de celui de l'homme, et donc subordonné, c'était une grave erreur. Les femmes étaient mes héroïnes. Ma mère s'appelait Helen, et Hélène de Troie menait les hommes, je voyais donc les femmes comme rendant les hommes plus courageux. J'ai toujours considéré qu'il était toujours plus important d'aimer que d'être aimé. Et c'est ce que les femmes font, je crois.

L.A. : Pourquoi ?

S.H. : Je pense qu'aimer, c'est se donner la possibilité d'investir toute la force que l'on possède pour rendre quelqu'un heureux, ou en tout cas pour le conquérir.

Alors qu'être aimé est quelque chose qui n'est pas toujours facile à supporter. Cela peut constituer une emprise à laquelle il n'est pas facile d'échapper, en tant qu'individualité propre. On pourrait y réfléchir longtemps... Je suis toujours resté comme ça : j'adore aimer et investir. Quand on m'aime – ce qui peut-être est arrivé, on ne sait jamais si l'on est aimé ou supporté –, quand on me donne des signes que l'on a besoin de moi, ça commence à me rendre un tout petit peu inquiet.

L.A. : Comment avez-vous vécu l'avènement du féminisme à l'aube des années 1970 ?

S.H. : Je n'y ai pas beaucoup participé, même si je soutenais bien sûr les féministes. À l'époque, certaines femmes, comme l'Américaine Kate Millett, interdisaient aux hommes l'accès au mouvement. Si je peux comprendre qu'il ait eu un temps besoin de n'être qu'entre femmes, je crois que les hommes peuvent et doivent les rejoindre. Il faut que les hommes soient féministes. L'autre dimension qui me passionnait dans ce mouvement, c'était la revendication de l'homosexualité féminine. Actuellement, il est toujours encore plus difficile d'être une homosexuelle qu'un homosexuel, et c'est une lutte qu'il faut continuer à mener. J'ai été très impressionné par la personne de Charlotte Wolff, une lesbienne militante allemande qui a longtemps vécu avec ma mère, sans pour autant pratiquer. La relation des hommes avec les femmes doit se modifier en respectant et en autorisant le plus grand épanouissement de la femme. Dans un couple hétérosexuel, il ne doit exister aucune subordination entre les êtres. Ni dans un sens, ni dans l'autre. Une femme qui domine son mari est une femme castratrice...

L.A. : Une femme est-elle, par définition, une mère ?

S.H. : La maternité doit être une façon d'être femme. C'est une façon très forte, très importante, mais la femme peut tout à fait surmonter ce besoin pour mener sa vie de femme sans être mère, et sans que rien de vraiment indispensable ne lui manque. On parle beaucoup du désir des femmes d'être mères, et pas assez de celui des hommes d'être pères. Cela existe aussi et c'est un besoin aussi fort.

L.A. : Avez-vous l'impression que nous vivons une époque de régression ?

S.H. : Notre époque a eu tendance à détacher délibérément l'amour de la sexualité. Le sexe est devenu un sport que l'on pratique comme une activité physique qui doit être assortie de résultats. Avec tout cela, le modèle de l'amour romantique a été écarté, celui de l'amour non satisfait aussi. De grands poètes et de grandes poétesses ont pourtant tenté de cartographier l'amour ainsi. Je pense à Louise Labé à l'époque de la Renaissance ou, en sautant le temps, à Rainer Maria Rilke et ses

Élégies de Duino. Je m'inscris dans cette tradition. J'ai toujours besoin d'investir mon énergie dans l'être aimé. Quand j'ai perdu ma femme, il m'a fallu inventer et trouver un nouvel être à aimer. Si je n'ai pas de partenaire amoureuse, il me manque un équilibre qui demeure pour moi fondamental. Je suis toujours très influencé par les théories de Merleau-Ponty : notre identité est faite d'esprit mais aussi de corps, et pour lui le mot « sens » est très important. Les cinq sens nous permettent de jouir de l'existence, et le sens – le sens moral – n'existe que par l'exercice des cinq sens. Nous sommes des esprits curieux : c'est lorsqu'un corps trouve les cinq sens qu'il se transforme en être humain...

Illustration d'Alain Pilon

LIONEL
JOSPIN

L'homme de la parité

J'ai eu la chance de rencontrer Lionel Jospin quand il était ministre de l'Éducation nationale. J'étais alors conseillère culturelle de François Mitterrand et j'ai aimé la manière déterminée et transparente dont il prenait à cœur certains dossiers – comme celui de l'éducation artistique à l'école, par exemple – pour les mener à bout. C'est un intellectuel en politique. Il n'y en a pas beaucoup finalement. Je veux dire – et on le lui a assez reproché – qu'il réfléchit avant d'agir. Certains disent même qu'il est velléitaire. Pas du tout. Quand il croit en une cause, il fonce et s'y tient.

C'est le cas pour la cause des femmes. Ce qu'il a fait pendant sa mandature – qu'on a tendance aujourd'hui à zapper de manière fort injuste – le prouve. C'est donc tout naturellement que je lui ai proposé de contribuer à cet ouvrage. Il m'a dit qu'il préférait écrire lui-même, m'a demandé s'il pouvait parler de lui... Une fois le texte terminé, il m'a appelée pour savoir si ce n'était pas trop long. Ça fait du bien de savoir qu'il existe des hommes politiques qui pensent qu'ils n'ont pas toujours raison et que le doute constitue une sorte de viatique et d'examen de conscience. Rien n'est jamais acquis aux hommes... Et encore moins aux femmes... Comme il le démontre.

L.A.

J'ai toujours pensé que les hommes formaient très tôt leur idée des femmes. Dès l'enfance et l'adolescence, la famille, la religion, l'école ou la rue leur apportent une image du « deuxième sexe » qu'ils gardent souvent dans l'âge adulte.

Moi aussi j'ai reçu une empreinte. À la maison, la mère était l'égale du père. Les enfants – deux filles et deux garçons – étaient aimés et éduqués selon leur singularité et non selon leur genre. Nos caractères, féminins et masculins – bien marqués –, n'étaient source d'aucune hiérarchie et ne nous enfermaient dans aucun destin. Le partage des tâches était la règle. Et si les garçons étaient invités à la courtoisie à l'égard des femmes, c'était moins dans un esprit de supériorité protectrice que pour marquer un respect dont on nous disait qu'il manquait souvent dans le monde extérieur.

Mon expérience de l'école n'a pas effacé cette marque première. Elle était mixte. Mes meilleurs maîtres y étaient tantôt des femmes, tantôt des hommes. Et chez les élèves, puis les étudiants, il était visible que les talents n'obéissaient pas à la distinction des sexes.

Naturellement, dans la vie de tous les jours, j'ai été plus tard assez vite confronté à des comportements machistes et aux plaisanteries sexistes (sur les femmes ou à propos, aussi, de l'homosexualité), particulièrement sur les stades ou à l'armée.

Pourtant, j'ai longtemps persisté à mettre ces attitudes déplaisantes sur le compte de vulgarités individuelles ou de frustrations de groupes. Je ne les attribuais pas – bien à tort – à une croyance plus collective en la supériorité d'un sexe sur l'autre. Mes lectures, celle, marquante pour moi, de Simone de Beauvoir, et même – autrement – celles d'Anaïs Nin ou de Doris Lessing, auraient pourtant dû m'instruire. Mais comme j'étais assez dépourvu de réflexes machistes et que mes amis étudiants ou, plus tard, mon milieu professionnel (l'IUT où j'enseignais, après avoir quitté la diplomatie) en étaient exempts, j'avais tendance à considérer comme allant de soi l'égalité entre les hommes et les femmes dans nos sociétés modernes. En somme, je promenais avec moi ma bonne conscience et mes illusions.

PREMIÈRES MOBILISATIONS

Ma perception des réalités a changé quand, ayant rejoint le Parti socialiste, je suis devenu un de ses dirigeants. Deux expériences m'ont éclairé. La première est venue de mes responsabilités internationales. Comme secrétaire au tiers-monde, puis secrétaire international de ce parti, j'ai multiplié les études, les voyages et les contacts à travers le monde. Naturellement, la priorité de notre action n'était pas la question des femmes. Dans les années 1970, notre engagement allait d'abord à la solidarité avec les mouvements en lutte contre les dictatures en Amérique latine ou avec les dissidents à l'Est. Nous cherchions aussi à construire, pour le Parti socialiste français, un réseau international de partis frères ou de partenaires progressistes ; enfin, nous nous efforcions d'analyser la réalité mondiale dans laquelle notre pays et notre parti devaient agir.

C'est alors pourtant que la prise de conscience de la dureté de la condition féminine dans la majeure partie du monde s'est imposée à moi. Auparavant, peut-être ma génération anticolonialiste s'était-elle trompée sur le sens de l'énergie émancipatrice que dégageait le mouvement de décolonisation. L'émancipation nationale ne signifie pas la libération des femmes. Sans doute étions-nous aveuglés par le rôle joué par des femmes, dont certaines figures emblématiques, dans les luttes de libération. Progressivement, l'évidence m'est apparue : les femmes étaient exploitées, dominées et humiliées dans la plus grande partie du monde. Souvent non désirées à leur naissance (et parfois même tuées ou abandonnées), vouées en général aux tâches les plus dures, sujettes aux violences et aux mauvais traitements, premières victimes des exactions produites par les guerres civiles, exploitées plus que les hommes, elles étaient considérées comme des inférieures par le droit, voire les systèmes religieux.

Mon expérience s'est approfondie quand je suis devenu un des premiers dirigeants du Parti socialiste, alors que François Mitterrand se préparait aux batailles présidentielles. Et cette fois, c'est sur les réalités nationales que j'ai commencé à porter un regard plus lucide. En commençant par mon parti.

Sur le plan des principes, le Parti socialiste était favorable à l'égalité hommes/femmes, dans la société comme au travail. Mais il était loin d'en tirer toutes les conséquences pour lui-même. Le premier secrétaire François Mitterrand avait placé à la direction du PS quelques personnalités féminines, telles Marie-Thérèse Eyquem, puis Yvette Roudy, Édith Cresson ou encore Véronique Neiertz. Mais elles étaient peu nombreuses. Rares aussi étaient les femmes à la tête de nos fédérations départementales. Quant aux députées socialistes, en 1981 encore, elles étaient seulement 20 sur un total de 285, soit 7 %. Les sénatrices étaient bien moins nombreuses. Le premier gouvernement de la gauche, composé par François Mitterrand et Pierre Mauroy, comptait en tout et pour tout 6 femmes sur 42 membres. Même les communistes ne lui avaient apporté que 4 hommes. Du côté de la droite parlementaire, les performances étaient inférieures.

Je prenais conscience de cette incroyable inégalité et, plus globalement, du retard majeur qui était celui de la France par rapport à d'autres démocraties européennes, en particulier nordiques, en matière de représentation des femmes. Mais peut-être en serais-je resté à ce constat et aurais-je jugé la lutte perdue d'avance, si un certain nombre de femmes socialistes n'avaient commencé à interpeller les dirigeants de leur parti et entrepris, aux côtés de femmes d'autres bords, de modifier l'état d'esprit de l'opinion.

Des responsables et des militantes ont décidé de faire avancer la cause des femmes au sein de leur propre formation politique. Elles ont montré que la faible présence des femmes dans les cercles dirigeants ne résultait pas vraiment de la réticence des femmes à accepter des responsabilités – même si cette hésitation existait et si certains poussaient les femmes à la cultiver. Cette disparité criante s'expliquait d'abord par le refus des hommes – dirigeants ou élus – de céder des places à leurs compagnes politiques.

L'intéressant, dans cette mobilisation, c'est qu'elle ne s'est pas faite avec l'objectif de créer une tendance ou un courant « femmes » à l'intérieur du PS. Cette idée a été envisagée (par exemple par Françoise Gaspard) et, finalement, écartée. On sait que le Parti socialiste fonctionne selon un système de courants regroupant responsables et militants autour de sensibilités particulières et assurant leur représentation dans les instances dirigeantes, départementales et nationales. Les femmes qui se mobilisaient ont gardé – quand elles en avaient – leurs attaches avec leurs courants (mitterrandiste, rocardien ou poperéniste... pour reprendre des appellations de l'époque), et elles ont décidé de réunir leurs forces pour populariser un certain nombre d'objectifs, chacune dans son courant et toutes dans leur parti.

Parmi ces objectifs, l'un a particulièrement prospéré : celui des quotas. L'idée était d'imposer une certaine proportion de femmes au sein de toutes les instances du Parti socialiste. Cette revendication, portée au début des années 1970 par Marie-Thérèse Eyquem, avait abouti en 1973 à l'instauration d'un pourcentage modeste de 10 % de femmes à tous les degrés de l'organisation. En 1977, ce quota fut porté à 15 %, en même temps qu'était créé un secrétariat national à l'action féminine, dirigé par Yvette Roudy. En 1979, au congrès de Metz, cependant qu'un courant ouvertement « féministe » obtenait un résultat faible, le quota de représentation des femmes passait à 20 %. Mais, lors des congrès de 1982 (Valence) et 1985 (Toulouse), alors que j'étais devenu premier secrétaire, le quota de 30 % était refusé.

Par ailleurs, aux élections européennes de 1979, sur la liste conduite par François Mitterrand, il avait été décidé de placer 30 % de femmes (3 par tranches de 10). Il a fallu attendre 1994 et, à nouveau, les élections européennes, pour que Michel Rocard, premier secrétaire et tête de liste, décide qu'il y aurait sur sa liste et en alternance stricte autant de femmes que d'hommes. Ce fut la première application de la parité dans une élection majeure. Mais cette avancée résultait de la seule volonté d'un parti et non d'une loi s'appliquant à tous. En effet, en 1982, le Conseil constitutionnel avait censuré une loi qui prévoyait un quota de 25 % de femmes dans

Egalité

les listes pour les élections municipales, au prétexte qu'il ne fallait pas distinguer les citoyens selon leur sexe. Pour favoriser l'égalité de représentation, l'avancée par la loi paraissait interdite, sans réforme de la Constitution.

Redevenu premier secrétaire du Parti socialiste après l'élection présidentielle de 1995, je décidai, en vue des élections législatives prévues en 1998, d'engager une démarche volontariste. À ma demande, une convention du PS décida que le parti présenterait 30 % de candidates aux prochaines législatives. Daniel Vaillant, secrétaire national aux élections, et Michèle Sabban, secrétaire nationale aux droits des femmes, animèrent, dès 1996, un groupe de travail chargé de rechercher partout en France, et naturellement dans les départements élisant le plus de députés, des circonscriptions où la candidature socialiste serait réservée à une femme. Il fallait en outre veiller à ce qu'un nombre significatif d'entre elles soit « gagnable ». En 1997, lorsque survint la dissolution, nous étions prêts. Nous présentâmes effectivement 30 % de candidates et 40 femmes (soit 18 % du groupe socialiste) furent élues à l'Assemblée nationale (contre 5 % en 1993). C'était un vrai pas en avant, et qui s'est allongé depuis, puisque les femmes socialistes représentent 26 % du groupe depuis 2007 (pour 18 % tous groupes confondus). On est loin encore de la parité !

VERS LA PARITÉ EN POLITIQUE

En effet, dans les années 1990, une autre revendication était apparue (portée notamment par Françoise Gaspard), qui a d'abord été contestée puis s'est imposée dans le mouvement féministe, avant de s'inscrire dans le débat public : celle de la parité. L'objectif n'était plus un quota mais une véritable égalité de représentation entre les femmes et les hommes. Cette idée devint suffisamment populaire pour que soit créé en 1995 par le gouvernement Juppé un Observatoire de la parité. Quand j'y fus auditionné par Roselyne Bachelot et Giselle Halimi, je pris des engagements formels au nom du Parti socialiste dans l'hypothèse d'une victoire de la gauche aux futures législatives. Car il ne suffisait pas d'observer, il fallait agir.

Devenu Premier ministre en 1997, je me prononçai, dans la déclaration de politique générale, en faveur de la parité. J'affirmai : « La modernisation de notre démocratie ne suppose pas seulement des réformes institutionnelles ; elle nécessite de profonds changements culturels. Il faut permettre aux Françaises de s'engager sans entrave dans la vie publique. En ce domaine, le progrès passe d'abord par l'évolution des mentalités et le changement des comportements. Mais il faut aller plus loin. Une révision de la Constitution, afin d'y inscrire l'objectif de la parité entre les femmes et les hommes, sera proposée. »

Parité
G.

Avant même ma déclaration de politique générale, j'avais marqué clairement mes intentions en composant un gouvernement où les femmes occupaient une place beaucoup plus importante que dans les cabinets ministériels antérieurs (gauche et droite confondues). Non seulement elles étaient 5 sur 15 ministres pleins (soit un tiers), mais elles occupaient des fonctions régaliennes ou majeures. Martine Aubry venait en second dans mon gouvernement, suivie par Élisabeth Guigou.

Après avoir réaffirmé mon engagement en faveur de la parité le 8 mars 1998 à l'occasion de la Journée internationale de la femme, je m'efforçai de convaincre le président de la République, Jacques Chirac, de la nécessité d'un changement constitutionnel. Celui-ci accepta, mais – de façon curieuse – il mit comme condition que ne soit pas utilisé le terme de « parité », pourtant symbolique et largement passé dans le langage public. Comme il fallait un compromis pour réunir une majorité au Congrès afin de réussir la révision, l'accord se fit sur une expression moins frappante : « La loi favorise l'égal accès des femmes et des hommes aux mandats électoraux et aux fonctions électives. » Cette formule assez neutre avait au moins le mérite d'offrir peu de prise au risque de censure du Conseil constitutionnel, instance qui s'était montrée auparavant frileuse et vétilleuse dans ce domaine.

À cette occasion, un débat s'est engagé dans la société et dans la presse. La parité menaçait-elle l'universalisme, référence majeure de la philosophie politique française ? Remettait-elle en cause les principes de la République, particulièrement celui de l'égalité entre les citoyens ? Avec les socialistes, je pensais que non. L'affirmation abstraite de l'égalité ne suffisait pas face à une inégalité choquante. La France était le dernier pays de l'Union européenne pour la représentation des femmes au Parlement : 6 % de femmes à l'Assemblée nationale, 5 % au Sénat ! Quant à la question de l'universalisme, j'approuvais pleinement l'analyse des philosophes Blandine Barret-Kriegel ou Sylviane Agacinski (dont je partageais la vie depuis près de dix ans) pour qui l'humanité est universellement sexuée, universellement mixte. Toute nation étant partagée à peu près également entre hommes et femmes, aucun des deux sexes ne doit s'approprier le monopole du pouvoir.

Une fois la révision constitutionnelle obtenue, en juin 1999, il restait à construire la loi sur la parité. Lors des journées parlementaires du groupe socialiste en septembre 1999, je proposai l'approche suivante : « Un projet de loi sera déposé avant la fin de l'année au Parlement visant à imposer la parité chaque fois qu'est applicable un scrutin de liste : pour les élections municipales au-dessus de 3 500 habitants, pour les élections européennes, pour les élections régionales et, à mon sens, pour les élections sénatoriales. L'objectif est bien, de manière générale, la parité. Sans doute y aura-t-il débat s'agissant des prochaines élections municipales mais, pour moi, la parité, c'est 50-50. »

Dans la salle, où, évidemment, les hommes étaient très majoritaires, le brouhaha déclenché par cette dernière affirmation fut aussi sonore que les applaudissements ! Cette décision de parité permettait de rester cohérents avec notre argumentation de fond : les femmes ne sont ni une minorité ni une communauté, quoi qu'en aient dit les adversaires de la parité. Elles constituent la moitié du genre humain… et de la nation.

Après qu'a été prise la décision du gouvernement, Nicole Péry, la secrétaire d'État aux Droits des femmes, fut chargée d'engager une consultation de tous les partis représentés à l'Assemblée nationale, au sein desquels les députées responsables des droits des femmes se montrèrent spontanément favorables. Quant aux présidents des groupes, ils étaient plutôt à l'écoute, car nous avions un allié de poids : l'opinion publique. Sondage après sondage, 80 % de la population soutenait le principe de la parité.

La loi sur la parité fut votée le 3 mai 2000. Son contenu était, si l'on tient compte de l'époque et des résistances du Sénat, à la hauteur de l'enjeu. Pour les élections municipales et régionales, la parité fut adoptée, par tranches de six noms, tout au long de la liste. L'alternance homme/femme fut retenue pour les listes aux élections européennes et pour les sénatoriales concernées. Pour les élections législatives – où le mode de scrutin uninominal faisait, comme aujourd'hui, barrage –, le levier de la sanction financière fut choisi. Sur ce dernier point, il est clair, pourtant, que l'on ne pourra accroître fortement la présence des femmes à l'Assemblée nationale sans changer le mode de scrutin, car les partis préfèrent supporter des pénalités financières plutôt que de présenter des femmes. J'y reviendrai.

Pour les scrutins de liste, en tout cas, les résultats furent immédiats : les femmes élues dans les conseils régionaux passèrent de 27 % en 1998 à 47 % en 2004 ; les conseillères municipales dans les communes de 3 500 habitants et plus représentent désormais 48 %. Le constat est clair : ce que les comportements ne permettent pas, la loi l'impose et tout le monde s'y plie. Il en alla de même pour la limitation du cumul des mandats – qui elle aussi ouvre des possibilités aux femmes –, domaine dans lequel nous fîmes de premières avancées. Elles restent à reprendre.

POUR UNE ÉGALITÉ HOMMES/FEMMES DANS LA VIE SOCIALE

Au-delà des progrès réalisés et des limites rencontrées dans le sens de la parité, nous avons aussi, dans les années de mon gouvernement, travaillé à l'égalité entre les femmes et les hommes, hors de la sphère politique, dans l'ensemble de la vie sociale.

Une constatation s'imposait : les femmes étaient absentes des instances dirigeantes professionnelles économiques, voire syndicales (malgré la présence emblématique de Nicole Notat à la tête de la CFDT), en somme des lieux de pouvoir en général. Elles se heurtaient à ce fameux « plafond de verre », invisible mais culturellement résistant. En 1998, il y avait seulement 12 directrices d'Administration centrale sur 145 postes, alors que les femmes qualifiées, énarques ou venant d'autres corps de l'État ne manquaient pas. La vieille répugnance des hommes à se laisser diriger par des femmes persistait, même dans des cercles supposés éclairés.

Il en allait de même dans le secteur privé. Les femmes étaient très nombreuses en France à avoir une activité professionnelle : 80 % d'entre elles entre 25 et 49 ans. Avoir un travail, gagner sa vie est pour elles une source d'émancipation. Mais elles étaient souvent employées ou ouvrières, et parfois à temps partiel sans l'avoir souhaité. Pas une femme ne se trouvait à la tête des 200 plus grandes entreprises françaises ! C'est dans ce contexte que je nommai, en 1999, Anne Lauvergeon, si qualifiée par ses diplômes de physicienne et sa riche expérience professionnelle, à la tête de l'entreprise nucléaire Cogema, devenue deux ans plus tard Areva.

En tout cas, sous mon gouvernement, nous décidâmes d'agir sur plusieurs niveaux. La loi du 9 mai 2001, dite loi Génisson, sur l'égalité professionnelle entre les femmes et les hommes, a actualisé et renforcé la loi de 1983, dite loi Roudy. Elle contient notamment une obligation de négocier, dans les entreprises et les branches, sur l'égalité dans le recrutement, la formation, la promotion, les salaires et le temps de travail.

Concernant la fonction publique, chaque ministre devait bâtir des plans d'objectifs pour l'accès des femmes aux postes d'encadrement. Enfin, le gouvernement décida d'engager un travail interministériel innovant dans huit domaines d'action prioritaires, dont celui de l'éducation.

Pendant les cinq ans de mon gouvernement, nous avons mis en œuvre d'autres réformes visant à étendre l'égalité entre les femmes et les hommes. Parmi celles-ci, notons : la création, à l'instigation de la ministre Ségolène Royal, du congé de paternité, qui a commencé à s'appliquer au 1er janvier 2002 ; le développement de la féminisation des titres engagée sous le premier gouvernement de la gauche en 1986 ; le financement de la grande enquête sur les violences faites aux femmes, réalisée par le laboratoire de Maryse Jaspard en juin 2000 ; enfin, le renforcement de l'accès à l'information, à la contraception et à l'interruption volontaire de grossesse, par une loi du 4 mars 2001 élargissant la loi de 1975, dite loi Veil.

Ainsi, pendant cinq ans, souvent sous l'impulsion des femmes ministres de mon gouvernement ou des parlementaires de gauche, avec mon plein accord et sans réticence de la part des ministres masculins, nous avons bien défendu la cause des femmes, même si nous aurions parfois aimé aller plus loin.

LES COMBATS ACTUELS

Dix ans après 2002, hors des responsabilités, plusieurs causes concernant la condition des femmes continuent à me passionner. Ici, j'en évoquerai trois. La première a trait à l'inégalité professionnelle et salariale entre les femmes et les hommes. En dépit des constantes références françaises au principe républicain d'égalité, la formule « à travail égal, salaire égal » ne s'applique pas dans la vie professionnelle. À compétence égale, le salaire des femmes dans le secteur privé reste en moyenne de 25 % inférieur à celui des hommes. Malgré quelques efforts conduits dans le passé, notamment par la gauche, la résistance des entreprises à la réalisation de l'égalité réelle est considérable. Le Parti socialiste affirme, dans son programme pour l'élection présidentielle de 2012, vouloir réaliser cette égalité dans les cinq ans. C'est une rude tâche.

La deuxième cause concerne les violences faites aux femmes et, au premier rang de celles-ci, le trafic et l'exploitation sordides des êtres humains (dans leur énorme majorité des femmes) pratiqués par les réseaux de prostitution. Plutôt que de considérer la prostitution comme une fatalité (« le plus vieux métier du monde ») ou, pire, de la légaliser (en habillant les proxénètes en entrepreneurs), il faut mener une action coordonnée à l'échelle européenne pour combattre l'exploitation sexuelle des femmes. C'est dans le même esprit que je prends parti contre la légalisation en France et à l'étranger de « la gestation pour autrui ». Considérer le corps des femmes comme un outil reproductif et livrer aux mécanismes du marché la sphère intime de l'enfantement et de la maternité, sous le couvert de l'altruisme, est une autre forme de violence contre des femmes (toujours pauvres et exploitées) et un élément de la dégradation de leur statut.

La troisième cause a trait à l'application de la parité aux élections parlementaires. Malgré les progrès réalisés (d'abord dans les partis de gauche), il est clair que les femmes resteront très minoritaires à l'Assemblée nationale et au Sénat dans notre pays tant que nous conserverons le mode de scrutin actuel. Les pénalités financières ne découragent en rien les partis de sous-représenter les femmes. Si l'on veut réaliser la parité dans le champ du législatif, il faudra passer à la proportionnelle ou – si l'on tient à garder un système majoritaire – imposer un homme/une femme (par une sorte de scrutin « binominal ») dans chaque circonscription.

En remerciant Laure Adler de m'avoir ouvert les pages de son livre, je termine par une profession de foi. Sans me comparer en rien au héros de François Truffaut dans son film *L'homme qui aimait les femmes*, j'aime les femmes. Mais aimer les femmes, c'est d'abord les respecter et, chaque fois que nécessaire, les défendre.

Illustrations de Gérard Dubois

JACQUES
DIOUF

Les femmes, l'avenir de l'Afrique

Été 2011. Des spots de l'Unicef nous informent que plus de deux millions de personnes souffrent de malnutrition dans la Corne de l'Afrique. Or depuis des décennies, le problème de la faim demeure l'impensé de notre civilisation occidentale. Pourquoi, dans les grandes réunions internationales, la faim n'est-elle jamais à l'ordre du jour ? La crise, le CAC 40, l'endettement qui se généralise : oui ! Mais la faim : jamais ! Ce problème politique majeur, on ne l'évoque qu'en cas de drame, comme en cet automne 2011, où l'on nous fait croire que la famine en Somalie, en Éthiopie, au Kenya, est liée à des circonstances climatiques particulières et à des problèmes agricoles. La faim dans le monde n'est pourtant pas un sujet événementiel, c'est une question structurelle.

J'ai eu la chance de rencontrer Jacques Diouf il y a une dizaine d'années. À ma demande, je l'ai revu de nombreuses fois. À Paris, à Rome, en Afrique aussi. Cela fait maintenant dix-huit ans qu'il préside la FAO, l'Organisation des Nations unies pour l'alimentation et l'agriculture. Des chercheurs issus de nombreuses disciplines s'y démènent pour lutter, de toutes les manières possibles, contre la faim.

J'ai pu accompagner Jacques Diouf en Mauritanie il y a cinq ans, puis descendre vers le Sénégal et sa terre natale : Saint-Louis. Pendant ce périple, j'ai pu voir comment l'action de la FAO portait ses fruits sur le terrain, et notamment grâce aux femmes : certaines faisaient reculer le désert en plantant des barrières végétales, d'autres formaient de petites coopératives pour creuser des canaux d'irrigation pour des cultures vivrières. Je remercie Jacques Diouf de nous donner à comprendre comment, grâce aux femmes, la terre peut devenir moins inféconde.

L.A.

Les femmes jouent un rôle essentiel dans les économies rurales des pays en développement, en particulier dans l'agriculture de subsistance, à la base de l'alimentation journalière et de la sécurité alimentaire.

Malgré leur contribution à l'agriculture, elles sont confrontées à de sérieux obstacles dans le secteur agricole, quel que soit le domaine : élevage, pêche, aquaculture ou foresterie. Qu'elles soient agricultrices, travailleuses ou entrepreneuses, elles rencontrent presque toujours des difficultés plus grandes que les hommes pour accéder aux facteurs de production et aux systèmes de soutien tels que services financiers, technologies, alphabétisation, formation, information et communication, et aux instances de prise de décision dans les organisations paysannes.

Pour les ménages dont la subsistance dépend de l'agriculture, la terre est le bien le plus important. L'accès à la terre est un préalable fondamental à l'activité agricole et, dans bien des régions, son contrôle est synonyme de richesse, de statut et de pouvoir. Il est reconnu que l'amélioration de l'accès à la propriété de la terre et de ses moyens de production sont des éléments clés pour éradiquer la faim et la pauvreté rurale. Et pourtant, dans l'ensemble des régions en développement, on observe que les femmes sont rarement propriétaires ou locataires de parcelles agricoles.

Le rapport annuel de la FAO sur la situation mondiale de l'alimentation et de l'agriculture (*Rapport SOFA*) estime que les femmes représentent moins de 5 % de l'ensemble des détenteurs d'actifs fonciers agricoles dans les pays d'Afrique du Nord et d'Asie de l'Ouest, et 15 % pour l'Afrique subsaharienne, avec d'importantes variations entre les pays.

Le rapport montre également des variations considérables dans le secteur du bétail, source importante de revenus. Au Bangladesh, au Ghana et au Nigeria, les hommes y détiennent des actifs plus de trois fois supérieurs à ceux des femmes, tandis qu'en Indonésie et au Pakistan, les revenus nets liés à la détention de bétail sont plus élevés pour les ménages dirigés par un homme. Les situations varient en fonction de la culture et du contexte. En règle générale, c'est aux hommes qu'il revient de s'occuper des animaux de grande taille (bovins, chevaux, chameaux) tandis que les femmes s'occupent d'animaux plus petits comme les chèvres, les moutons ou la volaille. Toutefois, les femmes n'ont pas toujours le contrôle des revenus dérivés du petit élevage.

Cette disparité se fait aussi sentir dans l'accès à toute une série d'actifs et de technologies agricoles, qu'il s'agisse de machines et d'outils, de variétés améliorées de plantes et de races d'animaux, d'engrais, de mesures de lutte contre les ravageurs ou encore de techniques de gestion. Les ménages dirigés par un homme utilisent

Ethiopia, Addis-Abeba, 2000.

davantage d'engrais que ceux ayant une femme à leur tête. Le degré d'inégalité semble plus prononcé au Bangladesh et au Pakistan, où respectivement 52 % et 40 % des ménages dirigés par un homme utilisent des engrais, contre 20 % et 12 % de ceux dirigés par une femme. En Afrique de l'Ouest, au Ghana et au Nigeria, ces chiffres sont respectivement de 22 % et 36 % pour les ménages ayant un homme à leur tête contre 12 % et 16 % pour ceux dirigés par une femme.

Les petits exploitants agricoles ont du mal à obtenir du crédit ; mais il n'en reste pas moins que, dans la plupart des pays, la proportion des petites exploitantes agricoles capables de se procurer du crédit est inférieure de 5 à 10 % à celle des hommes de la même catégorie. À Madagascar, par exemple, la proportion de ménages dirigés par une femme qui ont recours au crédit est inférieure de 9 % à celle des ménages dirigés par un homme. Au Nigeria, 14 % des hommes obtiennent officiellement du crédit contre 5 % seulement des femmes.

Outre leur degré d'instruction inférieur à celui des hommes, les femmes rurales n'ont pas le même accès aux services de vulgarisation, ce qui a des répercussions directes sur l'utilisation des ressources et sur la productivité.

Enfin, les femmes doivent faire face à de nombreuses autres tâches, depuis la collecte de l'eau et du combustible, la cuisine, les soins aux enfants et aux personnes âgées, jusqu'aux activités communautaires et aux occupations visant à diversifier leur revenu et accroître le bien-être de leur famille et communauté. Aux contraintes ci-dessus évoquées s'ajoutent les obstacles d'ordre institutionnel, social et culturel qui perdurent, et les barrières juridiques.

La majorité des femmes rurales travaillent de façon informelle dans l'exploitation familiale. Elles sont souvent des travailleuses indépendantes, exposées à des métiers précaires et mal rétribués. S'agissant d'emploi salarié, souvent fortement saisonnier, un écart important entre les sexes est à noter. En moyenne, les femmes gagnent moins que les hommes, même si elles ont un emploi équivalent et un niveau comparable d'instruction et d'expérience professionnelle.

La faible productivité des femmes rurales n'est pas un problème de compétence. Quand on leur en donne les moyens, les agricultrices sont tout aussi productives que leurs homologues masculins. On estime qu'actuellement la différence de rendement entre les hommes et les femmes est de l'ordre de 20 à 30 % et que cette différence est imputable à un faible taux d'utilisation des ressources. Le dernier *Rapport SOFA* évalue les avantages que l'on pourrait obtenir, en termes de rendement et de production agricoles, de sécurité alimentaire, de croissance économique et de bien-être social, si les femmes utilisaient autant d'intrants que les hommes et avaient le même accès que ceux-ci aux ressources, services et débouchés. On estime que dans les pays en développement pour lesquels on dispose de données, la hausse moyenne de la production serait de 2,5 à 4 %.

Nous menons depuis des années, dans l'organisation que je dirige, un combat pour réduire le fossé existant entre les hommes et les femmes dans l'agriculture. Pour cette raison, l'équité entre les sexes est fixée dans son nouveau cadre stratégique parmi ses principaux objectifs pour les dix prochaines années. Cet objectif stratégique, intitulé « Équité hommes-femmes pour l'accès aux ressources, aux biens, aux services et à la prise de décision dans les zones rurales », a été formulé en réponse au constat accablant selon lequel les inégalités entre hommes et femmes exacerbent l'insécurité alimentaire, la malnutrition et la pauvreté.

De plus, au-delà de la question de l'efficacité, l'approche qui est appliquée est aussi centrée sur la personne et considère comme primordiale l'autonomisation des hommes et des femmes. On rappellera ici que l'égalité est aussi un engagement, intégré dans les accords internationaux sur les droits de l'homme et les objectifs du Millénaire pour le développement des Nations unies.

L'intégration systématique des questions d'égalité hommes-femmes dans les politiques et programmes représente un principe fondamental, et le renforcement des capacités des pays membres et de tous les acteurs du développement pour la réaliser est une priorité. Le rôle des organisations de producteurs à cet égard est important.

Nous entendons susciter une meilleure prise de conscience du problème, en espérant que des politiques appropriées viendront encourager l'égalité hommes-femmes, dans un secteur agricole en pleine mutation. En effet, les tendances inégalitaires risquent de s'aggraver face aux nouveaux défis, notamment le changement climatique, les migrations internationales, les maladies infectieuses transfrontières, la marchandisation des terres pour la production industrielle et la crise économique mondiale. À moins de traiter de manière exhaustive la dimension de l'égalité hommes-femmes, la communauté internationale ne parviendra pas à atteindre l'objectif de réduire de moitié d'ici l'an 2015 le nombre de personnes souffrant de sous-alimentation chronique, fixé dans la Déclaration de Rome sur la sécurité alimentaire mondiale en 1996, ni les objectifs du Millénaire pour le développement.

Il est donc clair que la société a tout à gagner en comblant ces inégalités. Des réformes visant à éliminer les discriminations et à favoriser un accès équitable aux ressources productives aideront à affronter les défis et à saisir les occasions découlant des changements affectant l'économie rurale. Les mesures prises pour combler ce fossé auront des effets bénéfiques sur les femmes, l'agriculture, le secteur rural et l'ensemble de la société.

RENÉ
FRYDMAN

L'homme maternel

La première fois que j'ai entendu René Frydman, c'était dans une réunion du MLAC (le Mouvement pour la liberté de l'avortement et de la contraception), en 1971 ou 1972. J'ai tout de suite été impressionnée par sa rigueur intellectuelle, ses compétences médicales et son engagement pour la cause des femmes.

La deuxième fois, c'était, bien des années plus tard, dans une galerie de peinture où je m'étais arrêtée devant un grand format monochrome de Monique Frydman que je fixais depuis longtemps sans pouvoir le quitter. Je connaissais et j'aimais son travail depuis longtemps, mais je n'avais pas fait le rapprochement. Il m'a dit fièrement : « C'est ma femme. » J'ai aimé le ton de cette déclaration qui renforçait en moi l'image d'un homme, grand scientifique et chirurgien aux mains d'argent, qui avait besoin, pour se nourrir, d'art, de beauté et d'amour.

La troisième fois, c'était au domicile du très regretté Édouard Glissant, dont il était l'ami. Je les ai surpris en train de se réciter des poèmes de Baudelaire et de Mallarmé.

Voici quelques infimes petites facettes de la personnalité de René Frydman qui, aujourd'hui, malgré sa célébrité internationale, a gardé sa modestie, sa gentillesse, sa générosité.

L.A.

Mes études de médecine m'ont amené à prendre conscience de certains grands problèmes de société. Dans « mes » lits, une jeune fille était hospitalisée à la suite d'un avortement clandestin. Deux jours plus tard, elle était morte d'une septicémie. Même si ma prise de conscience participait sans doute aussi d'un mouvement générationnel, sa mort, en tout cas, m'a révolté. Ainsi, lorsque j'étais interne, j'ai été constamment confronté aux énormes dégâts de l'avortement clandestin. Je suis devenu militant. Je travaillais avec le Planning familial et je participais activement au Groupe Information Santé. Ma position était qu'on ne devait faire des enfants que lorsqu'on le désirait. J'ai signé en tant que médecin une pétition pour affirmer que j'avais pratiqué des avortements clandestins.

LE DROIT À L'AVORTEMENT : UN COMBAT

Il faut se remettre dans le contexte de cette époque aujourd'hui pas si lointaine où l'avortement était interdit en France. À l'hôpital, il n'y avait pas une garde de nuit sans voir arriver des jeunes filles qui s'étaient injecté du permanganate de potassium ou qui avaient utilisé des aiguilles à tricoter pour provoquer une fausse couche. Elles arrivaient dans des états graves de septicémie après avoir souffert le martyre. Elles risquaient leur vie.

Nous avons alors organisé des voyages en Grande-Bretagne. On accompagnait les femmes dans des bus et on travaillait en binôme : un médecin et une représentante du Mouvement de libération des femmes (MLF) qui s'occupait des formalités administratives. Parfois, nous partions en Suisse où il fallait passer devant une commission pour se justifier... Jusqu'en 1972, une majorité écrasante de médecins refusait de pratiquer l'avortement. Celui-ci était d'ailleurs sévèrement puni.

Souvenons-nous du procès de Bobigny à l'automne 1972 où fut jugée (et relaxée) une jeune fille qui avait avorté à la suite d'un viol. Il a indéniablement marqué nos consciences et fait évoluer les mentalités. Mais les jeunes filles arrivaient toujours à l'hôpital dans des états graves. Heureusement, toutes ne mouraient pas mais beaucoup d'entre elles en sortaient avec les trompes saccagées et, quand elles avaient un désir d'enfant, nous – les médecins – les voyions revenir pour tenter de « réparer » leurs trompes grâce à la chirurgie. Je me souviens que pour chaque opération on travaillait au microscope pendant quatre à cinq heures, avec des fils très fins. On n'y arrivait pas. Malgré cela les jeunes femmes revenaient pour se faire réopérer : on leur réouvrait le ventre, mais ça ne marchait pas pour autant. La dépénalisation de l'avortement et la légalisation de l'interruption volontaire de grossesse (IVG) datent de 1975, à l'époque où Simone Veil était ministre de la Santé.

VERS LA FIV

Quand j'ai lu dans une revue médicale, en 1975, que Bob Edwards avait réussi une fécondation *in vitro* chez une femme qui faisait des grossesses extra-utérines à répétition, je me suis dit que, puisque c'était possible, il fallait faire comme lui. Je l'ai appelé et nous avons pris rendez-vous. Nous étions alors un tout petit groupe international de médecins à nous intéresser à ces questions. Pour moi, c'était l'évidence : je savais que je ne m'intéressais qu'à la vie. Or, c'est la femme qui est porteuse de vie. C'est elle qui est le plus portée par la vie, plus que l'homme. C'est elle qui donne la vie, qui décide si elle garde – ou non – les enfants. Bien sûr, le couple existe et l'homme a son mot à dire mais, en dernière instance, c'est à elle qu'il incombe de choisir. Mon métier d'accoucheur implique un accompagnement qui commence avant la naissance. Je me bats pour des relations plus équilibrées et plus autonomes à l'intérieur des couples. Un des mes « guides » pour la grossesse avait d'ailleurs pour sujet le rôle du père.

Je me suis tout de suite très bien entendu avec Bob Edwards : il m'a donné des conseils et a été très généreux. Il m'a expliqué ce qu'était un ovule... J'avais passé mon agrégation sans voir aucune photo d'ovocytes. Aujourd'hui, on trouve des photos d'embryons dans tous les magazines. À l'époque, on ne connaissait l'ovule que chez l'animal. J'ai très vite compris et mis en pratique son projet clinique à l'intérieur de l'hôpital, poussé par la demande des patientes que nous avions envie d'aider. En 1978, Louise Brown, le premier « bébé-éprouvette », est née. Cette naissance a renforcé en moi le désir de poursuivre mes recherches. La même année, l'aventure d'Amandine commençait...

Le tout premier à avoir travaillé sur la fécondation *in vitro* (FIV) était Gregory Pincus, un médecin américain. Il est d'ailleurs aussi l'inventeur de la contraception : en 1934, avec la complicité d'une suffragette, il a conçu la première pilule. Si pendant la Seconde Guerre mondiale, des médecins anglais ont tenté de développer les recherches sur la FIV, ce n'est qu'en 1965 qu'Edwards a commencé ses expérimentations sur des lapines. Il a ensuite étendu ses recherches à la femme. Nous avons pris le relais et Amandine est née en 1982. Aujourd'hui, elle a bientôt trente ans. Nous avons un lien indéfectible.

UNE AIDE À LA PROCRÉATION GÉNÉRALISÉE

J'ai eu la chance d'être entouré de collaboratrices et de collaborateurs talentueux. Ce qui était unique s'est multiplié. Il existe plus de cent centres d'assistance médicale à la procréation en France. Il n'y a pas un pays au monde qui n'ait pas de structures de ce type. La Chine en compte près de deux cents actuellement, et elles se développent énormément en Afrique. On pourrait penser que l'Afrique a des problèmes de surpopulation et que ce genre d'assistanat médical n'a pas lieu d'être. Mais là-bas, si elle n'est pas mère, une femme n'a pas de place dans la société. On la nomme par le prénom de ses enfants. Une femme qui n'enfante pas encourt l'exclusion de sa propre famille et la disgrâce de son conjoint qui va préférer chercher une autre épouse. Beaucoup de ces femmes infertiles vivent de vrais drames et, finalement, se suicident. Le désir de maternité existe dans toutes les sociétés, et il ne fait que s'accroître avec la montée de l'individualisme. En juillet 2011, au congrès annuel de la Société européenne de reproduction humaine et d'embryologie, à Stockholm, nous étions six mille, venus de tous les continents. Lors du premier congrès annuel qui allait créer cette société, en 1983, en Corse, il n'y avait qu'une cinquantaine de participants.

Les avancées techniques dans le domaine de la procréation assistée ne sont conciliables qu'avec la revendication que la femme possède la maîtrise de la maternité. Face aux demandes des femmes d'être des mères à tout prix, je crois qu'il faut rappeler qu'il existe plusieurs façons d'être mère et que la solution n'est pas seulement biologique. J'aborde avec toutes les femmes qui ne peuvent pas avoir d'enfant la question de l'adoption. Quand on est médecin, on entend beaucoup d'histoires et on croise beaucoup de cas de figure : j'ai connu des femmes qui n'avaient pas souhaité avoir d'enfant et se révèlent des mères admirables ; mais également des femmes qui font tout pour enfin tomber enceintes et qui abandonnent leurs enfants... Il y a aussi des femmes qui ne veulent pas avoir d'enfant et qui sont des femmes accomplies. Quoi qu'il en soit, je maintiens que la possibilité offerte aux femmes d'avoir un enfant grâce à la procréation assistée est un acquis des droits de la femme et qu'elle constitue une victoire historique pour les femmes, à condition de lutter contre l'exploitation et la mercantilisation de leur corps. Louer le corps d'une femme pour avoir un enfant et lui prendre est une aliénation pour celle qui porte cet enfant, ainsi qu'une dépréciation du corps de la femme en général.

MASCULIN/FÉMININ ?

Le médecin philosophe Henri Atlan a soulevé des polémiques avec son livre sur l'utérus artificiel. Ses thèses relèvent de la fiction mais nous permettent de réfléchir. Je ne pense pas que cet utérus artificiel soit possible, ni même souhaitable, car il impliquerait un début de vie désensorialisé, que les caresses sous la couveuse vingt-

« QU'EST-CE
QU'UNE FEMME ?
LA MOITIÉ DU CIEL.
UNE ÉNIGME. CELLE
QUI PEUT CONCILIER
PLUSIEURS VIES
ET MENER DE FRONT
LE TRAVAIL ET
LA MATERNITÉ. »

quatre heures sur ving-quatre ne peuvent remplacer. L'homme, lui aussi, pourrait porter un enfant, pourquoi pas ? Il suffirait d'implanter un embryon dans une zone très vascularisée, par exemple dans ses testicules. Mais il faudrait alors imaginer une charrette pour qu'il puisse se déplacer au fur et à mesure que l'embryon grossirait ! Ce serait tout de même très risqué, et je ne crois pas que les hommes soient prêts pour ce genre d'aventure, en dehors de la science-fiction.

Au-delà de ces conjectures, je me réjouis des avancées dans la redistribution du masculin et du féminin dans notre société et je milite pour une véritable égalité entre les sexes, dans tous les domaines. Toutefois, celle-ci ne pourra jamais exister dans les fonctions sexuelles : l'homme peut avoir des enfants jusqu'à soixante-dix ans, la femme jusqu'à quarante-cinq ; la femme enfante, l'homme pas, et c'est à elle seule que revient la décision de conserver l'enfant. Les femmes sont plus belles que les hommes, c'est ainsi. C'est donc une égalité dans le respect de la différence.

Alors, qu'est-ce qu'une femme ? La moitié du ciel. Une énigme. Celle qui peut concilier plusieurs vies et mener de front le travail et la maternité. Je suis frappé par la féminisation de mon métier. Malgré les responsabilités, le travail harassant, les horaires contraignants, je suis entouré de mères de famille de quatre ou cinq enfants qui m'époustouflent par leurs qualités médicales. Ce n'est pas l'un *ou* l'autre. C'est l'un *plus* l'autre.

Et qu'est-ce qu'un homme ? Le compagnon de la femme ?...

Illustration de Séverine Assous

CHRISTIAN
LACROIX

La femme sublimée

Tout petit déjà, Christian Lacroix dessinait. Dans cette lumière du Sud aveuglante, il se retranchait à l'intérieur de la maison pour pouvoir transcrire sur le papier des esquisses de ces vieilles dames arlésiennes toutes habillées de noir qu'il trouvait si belles.

Christian Lacroix a, de la beauté, des définitions entrelacées : féru de littérature, de poésie, il est aussi un amateur d'art devant l'Éternel. Contrairement à certains créateurs de mode qui sont dans la « montre », lui, il préfère dévoiler, par petites touches, et non exhiber. Il aime aussi voiler.

Les femmes de Lacroix demeurent mystérieuses. Mantilles, voiles, tissus flottants qu'on peut enrouler... Tout l'érotisme consiste à ne pas trop, dans l'espace public, faire apparaître le corps. Mieux vaut le deviner, le fantasmer.

L.A.

Il y a de la mélancolie dans ce que j'appellerai l'œuvre au noir de Lacroix. D'où peut-être sa passion pour Goya, pour les vanités, pour tout ce qui, superstitieusement, éloigne de la mort. De la femme, il dit ne rien savoir, lui qui a inventé une nouvelle manière de nous faire apparaître. Il dit tout devoir à ses femmes : sa grand-mère, sa mère, sa femme Françoise. Il dit qu'il ne sait pas très bien ce que c'est, un homme. Lui, il est plutôt du côté du féminin, et ce, depuis l'enfance. Il nous donne – et je l'en remercie du fond du cœur – ces dessins inédits où les hommes sont accompagnés de femmes et où les femmes semblent protéger les hommes.

On ne dira jamais assez combien la mode a pu être une discipline artistique engagée au service de la liberté des femmes. Yves Saint Laurent l'a proclamé. Christian Lacroix continue la même lutte : brouillant les codes du masculin/féminin, assumant l'érotisme de l'androgynie, il nous donne envie et croyance en nous-mêmes.

L.A.

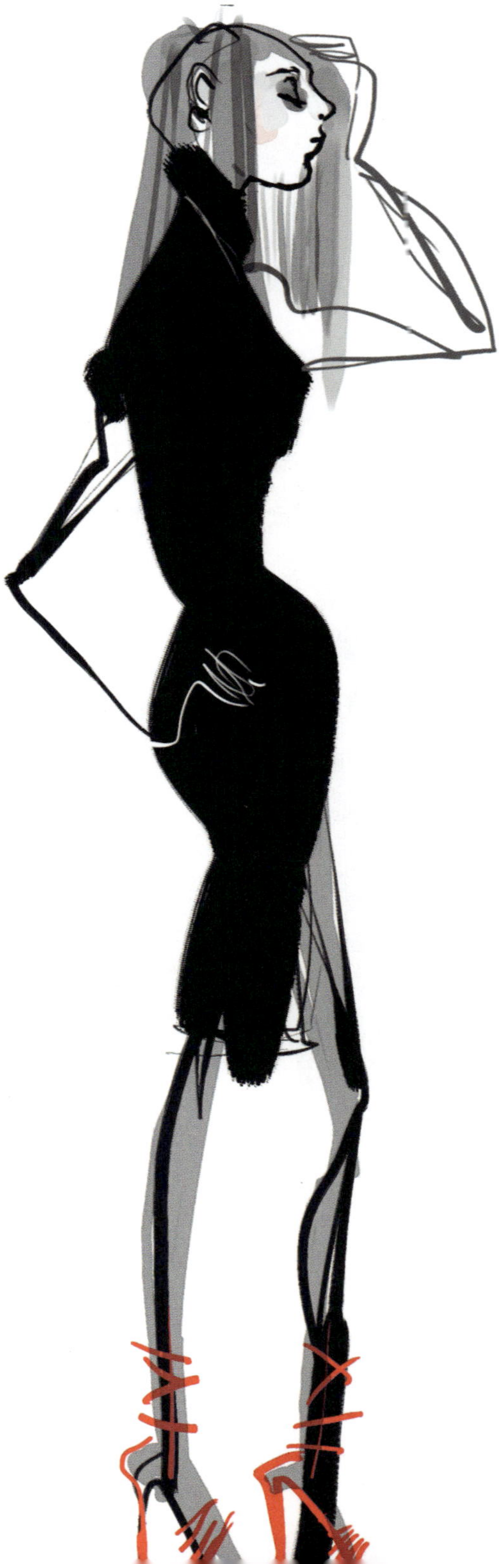

OLIVIER
PY

Le théâtre comme une offrande

J'ai eu la chance de rencontrer Olivier Py quand il commençait à faire des spectacles à Paris. Il m'a tout de suite plu : son enthousiasme, ses références théologiques, son amour pour Claudel (je suis une claudélienne idolâtre), sa connaissance des textes de la tragédie antique, son amour du théâtre comme une offrande aux dieux grecs qui sont chargés de nous protéger faisaient de ce jeune homme qui ne cachait ni son catholicisme, ni son homosexualité, ni son amour pour les femmes un type assez intrigant et mystérieux dans les milieux de théâtre. À l'époque, j'étais chargée de faire des « portraits » – comme on dit aujourd'hui – des personnalités « émergentes » de la culture pour *L'Événement du jeudi*. J'ai vu arriver dans le café un jeune homme pasolinien qui m'a beaucoup parlé de sa grand-mère et de la Bible. Très peu de théâtre. J'ai appris, mais pas par lui, qu'il avait depuis longtemps commencé à faire du théâtre avec Jean-Luc Lagarce et qu'il était aussi comédien, écrivain, poète, chef de troupe...

Depuis, il est devenu l'une des personnalités européennes du milieu théâtral dont les mises en scène (de théâtre et d'opéra) ravissent ou irritent. Tant mieux. Olivier Py aime le dissensus. Il continue à prendre des risques, à avancer sans masque, à prendre soin de ses acteurs, à faire du théâtre poétique, politique, sacrificiel, qui nous émeut et nous fait réfléchir.

L.A.

Je me suis toujours senti un garçon, et ce depuis ma plus lointaine enfance. Je n'ai jamais douté de mon identité sexuelle. C'est sans doute pour cela que, plus tard, j'ai pu avoir cette jouissance de me travestir en femme sans jamais douter de mon identité. Ce que j'aimais, c'était le travestissement. Je crois que j'ai su très tôt que j'étais un garçon car j'ai été élevé par ma grand-mère, par mes tantes, mes cousines, mon arrière grand-mère... J'étais entouré de ces très nombreuses femmes qui m'ont beaucoup appris, qui m'ont tout appris. À vrai dire, ce qui a été plus difficile, ce ne fut pas d'être un garçon, mais d'être un homme au sens d'adulte.

Aujourd'hui, à mon âge, je me considère encore comme un garçon. Être un garçon, cela signifie l'insatiabilité, l'inquiétude, l'impatience, quelque chose que rien ne comble. Être un garçon, c'est ressentir le manque fondamental comme une culpabilité. Je crois, en revanche, que la jouissance féminine atteint des sphères que les garçons ne peuvent connaître, une *terra incognita*, qui est comme une réponse. Quand les filles parlent de jouissance, elles évoquent quelque chose de très différent des hommes, quelque chose d'absolu, comme une réconciliation avec la Totalité, comme une entrée dans le paradis d'avant les mots, le sens vécu.

Si les garçons peuvent atteindre le plaisir, ils ne peuvent qu'artificiellement arriver si haut. Être un garçon, c'est savoir que l'on ne peut pas ne pas désirer quelque chose que l'on n'aura jamais. Qui échappera toujours. Il y a de l'ivresse dans ce manque, cette colère, cet abandon, mais c'est une identité malheureuse. Comment, alors, ne pas devenir un vieux garçon ? Comment essayer de ne pas lutter rageusement pour atteindre ces choses désirées, qui se mettent à la place du soleil ? Oh, oui, on rêve alors d'une femme qui, dans sa jouissance, dans le don de soi, entre dans une connaissance, un monde où enfin il ne manque rien. Et qui sait ? Un homme peut peut-être entrer dans cet Eden des vérités incarnées ? Mais la porte ? Où est-elle ?

DU GARÇON À MISS KNIFE

C'est de ce désarroi qu'est né le goût du travestissement, d'inventer une porte théâtrale pour entrer dans cet oubli de soi qui est la connaissance... Quand vous avez perdu beaucoup de plumes dans vos combats, il vous reste une solution : mettre ces plumes sur vos fesses et danser jusqu'à ce que mort s'en suive. Toute cette souffrance d'être un homme, Ô jeunesse, j'ai voulu en faire quelque chose. Singerie de la castration, grimace qui fait rire et peur, je voulais me débarrasser de cette créance sans fin du désir masculin. Le travesti n'est pas une femme, il est une perte d'identité faite figure et dénonce toutes les fausses identités. C'est pour cela qu'il fait peur et rire, et fascine et dégoute. C'est un proscrit de l'identité diurne.

Je me suis donc transformé en femme, en Miss Knife (on voit que le désir de castration n'était pas absent de ce nom inventé un soir pour un personnage de cabaret et qui est devenu un double nécessaire). C'est une créature de rêve dans tous les sens du terme. Je l'aime parce qu'elle représente tous les vécus de toutes les figures de femmes que j'ai rencontrées, admirées, ou imaginées.

J'ai été élevé dans une boutique de mode, avec ma mère qui cousait et coupait des tissus ; mes grand-mères qui aimaient les bijoux. Miss Knife en a hérité : elle change de costumes, elle est couverte de bijoux. Les actrices de théâtre de ma génération ont du mal à jouer avec leur féminité. Un personnage n'est pas une femme mais une surfemme, une figure mythique. Mais cela vient peut-être de ce que, hélas, la plupart des metteurs en scène sont encore des hommes hétérosexuels terrifiés par une féminité extravagante...

Pour moi, c'était une joie que d'inventer et d'incarner ce personnage de chanteuse de cabaret, perdue, éperdue... J'avais cela au plus profond de moi-même. Je ne jouais pas Miss Knife, elle faisait partie de moi. Elle, c'était moi. Autant que mes autres identités. À ceci près que cette identité là s'avouait faite de songe et n'espérait pas de place au soleil...

Un petit garçon regarde ce robinet qui pend au centre de lui comme un mystère. Être un petit garçon, c'est être en dialogue permanent avec son phallus. Même si on grandit, même si on vieillit, on reste un éternel petit garçon. Le sexe de l'homme est comme un personnage qui parle librement ; cette liberté est une terreur et une bénédiction. Mais il est nécessaire de dialoguer avec cette vérité. On ne peut pas lui laisser trop de pouvoir. Un garçon essaie toujours, en vain, d'atteindre la jouissance, et sa jouissance est courte et trompeuse, ce qu'elle a désigné si ardemment, elle l'efface. Une fille ne cherche pas à avoir la jouissance puisqu'elle sait qu'elle peut être jouissance.... La jouissance féminine est irrévocablement la plus grande des connaissances possibles car elle a lieu au cœur de la chair. Pour moi ce serait ça être une femme.

Être un garçon, c'est avoir quelque chose qui sort de soi. Qui est à l'extérieur de soi. On doit vivre avec, on doit mourir avec. Les filles n'ont pas à vivre avec cela, Elles vivent la vie intérieure, la mer et le soleil de la vie intérieure, elles ne sont pas obligées de négocier toujours avec la mort, la chair, le travail, la déception. Cette vie intérieure peut bâtir le château du silence. Et c'est un château imprenable ; la politique, l'art, la philosophie rêvent d'y entrer...

LES PAROLES MYSTIQUES

Dans les textes mystiques, j'ai entendu qu'il y avait une chance d'atteindre des rivages inconnus. Comme un coup de massue sur la tête, la parole des mystiques m'a fait comprendre une chose si simple qu'elle était inaccessible. Avant de lire ces œuvres, je faisais de Dieu un objet. Je me l'appropriais. Soudain j'ai compris que les mystiques, qui sont essentiellement des femmes, ne cherchent pas à s'approprier Dieu. Elles *sont* objets de Dieu. C'est ce retournement qui définit la mystique. Et au-delà, la foi n'est qu'une architecture dogmatique vide. Avec ces lectures, j'ai compris que j'avais un corps.

Et je l'ai compris grâce à Thérèse, Thérèse la Petite. La fiancée de Dieu. Elle est l'extase féminine et cette extase est plus vaste que toutes les dogmatiques. Je l'ai compris aussi grâce à Catherine, Catherine de Sienne. Elle comprend la mystique, non pas comme volonté conceptuelle mais par une sorte de bouleversement intérieur. De cyclone secret où seul l'informulable est. Elle le vit. Elle est l'incarnation. Et Thérèse la grande, Thérèse d'Avila descend au plus profond d'elle-même dans un lieu où Dieu l'attend, et indique un chemin de miséricorde que saint Paul lui même n'aurait pas imaginé.

Il s'agit, quand on lit et quand on relit ces textes de mystiques féminines, de la perte de toute identité non pas comme renoncement mais comme élaboration. Dans ma propre expérience intérieure, tout cela est venu en même temps. J'ai accédé à ces chemins d'une connaissance particulière de Dieu et, parallèlement, à une connaissance approfondie de certains textes mystiques. Tout cela croisé avec le désir de faire du théâtre, puisque faire du théâtre est une aventure spirituelle.

Le théâtre n'est pas un métier comme un autre. Ce n'est pas un métier de la culture que l'on choisi par amour de l'art et de la pensée. Non. Je fais du théâtre car j'ai échoué dans ma vocation religieuse. D'ailleurs, je ne sais toujours pas où est la clôture entre le monde extérieur et le monde intérieur. À un moment de ma vie, j'ai ressenti un immense appel et la nostalgie d'une vie que je ne vivrais pas. Celle consacrée au silence et à la prière. J'ai décidé de l'inscrire dans le théâtre. Finalement, c'est un lieu où on ne sait pas véritablement choisir entre la terre et le ciel. Où l'on fait un cloître au centre de la mondanité... Comment comprendre?

Aujourd'hui encore, lorsque je croise des religieux ou des moines ou quand je vais à leur rencontre, j'ai pour eux une admiration si grande que ma vie me semble une misérable mascarade. Je me dis que je suis passé à côté de mon destin. Peut-être que la porte n'est pas encore fermée ? Je sais pourtant que j'ai pris trop de temps à créer un théâtre qui témoigne de ce manque si fondamental de ce désir substantiel, de cette quête impossible... Ma place est sans doute à la porte du monastère avec les

POIZAT

« JE DÉTESTE
LES IDENTITÉS.
ON PEUT ÊTRE DANS
UNE MÊME JOURNÉE
GAY, PRÊTRE,
HOMME MARIÉ,
FEMME INSPIRÉE… »

forains et les prostitués. Et, qui sait, il y a peut être là des vérités vagabondes et des joies errantes qui ont besoin de moi.

Cela peut paraître une ambition démesurée mais je voulais offrir aux acteurs un lieu d'expériences métaphysiques. Et ce lieu c'est le poème, le poème seul, qui apprend à respirer, à parler, à se tenir droit. Sans vouloir faire le moindre prosélytisme, ni même la moindre pédagogie religieuse, il y avait en moi un désir de mettre sur un plateau de théâtre ce qui m'appartenait en propre et qui était de l'ordre de la confrontation avec le message spirituel jusqu'à son reniement. Car la parole théâtrale ne saurait être autrement que dialectique et donne donc la parole au refus autant qu'à la grâce. Le poète dramatique met sur scène ses questions irrésolues, au risque de l'incarnation. Le danger de l'écriture poétique est sa lumière propre.

J'ai parfois la sensation d'être ridicule en écrivant sur ces choses-là. Mais j'ai beaucoup moins peur de sembler ridicule que de paraître intelligent car je méprise l'intelligence sans inquiétude. Et l'intelligence que j'aime est une joie de vivre.

Le théâtre, pour moi, c'est un affrontement, un consentement douloureux de l'échec de ma vocation religieuse. Mais il s'agit par le théâtre de réaliser l'étrange injonction de saint Paul, « être au monde comme n'y étant pas ». Et quelque chose en moi me fait penser que si les femmes existent elles doivent être ça, cette manière d'être si légère qu'elle n'a besoin d'aucune possession... et d'aucune identité.

DES PROSCRITS JOYEUX

J'ai fait un *coming-out* à l'âge de dix-sept ans. Dans le milieu où je vivais, j'apparaissais comme un proscrit, un maudit, alors qu'aujourd'hui, l'homosexualité est devenue une source de revendication politique et même existentielle. J'avais peut-être une soif de malédiction. Compliquer à l'excès toutes les identités était une profession de foi. C'est comme cela qu'un printemps j'ai épousé une femme qui, elle aussi, cherchait à faire de sa vie un opéra fabuleux. Dès que j'ai rencontré Elisabeth Mazev, j'ai reconnu en elle le partenaire de cette quête insatiable.

Nous avions huit ans et nous étions déjà inséparables. Une femme encore et toujours devait m'indiquer le chemin. Une femme encore dont il faut bien dire qu'elle avait plus de courage que moi. On partageait tous les deux cette soif de théâtre. Ce qui m'a frappé dès l'enfance dans la cour de l'école, c'était son intelligence lumineuse qui transformait tout en fête, qui était foudroyante. C'était aussi cette manière qu'elle avait de chanter son existence alors que sa vie était objectivement très difficile. Nous nous sommes retrouvés tous les deux comme deux drôles, des proscrits joyeux !

Nous avons réussi, puisque nous étions tous les deux, à traverser la vie. Elle était d'un milieu beaucoup plus prolétaire que moi. Elle avait vécu des choses encore plus dures que moi. Étions-nous des enfants ? Je ne sais pas. En tous cas, grâce à elle, j'ai commencé à grandir. Et je continue à grandir, toujours à ses côtés.

Dans mon dernier spectacle sur Mitterrand, elle jouait plusieurs rôles dont celui de Marguerite Duras qu'elle interprétait magnifiquement. Après tant de rôles comiques où elle virevoltait dans une présence exquise, nous avons rêvé ensemble cette leçon de ténèbres où son humanité de femme, de mère et d'actrice s'exprimait incomparablement.

Nous n'avons pas eu d'enfant. Pourquoi ? Je n'en sais rien. Je le regrette de temps en temps. J'ai peut-être eu peur de cette paternité parce que je me vis comme mortel. Comme un être incapable d'être père, et j'écris cela sans fierté. Un petit garçon éternel avec des problèmes de plomberie transcendantaux.

L'IDENTITÉ

Mais qu'est-ce que je suis ? Rien après tout. Et je déteste les identités qui apparaissent comme des cloches au cou des vaches. On peut être dans une même journée gay, prêtre, homme marié, femme inspirée... La politique aujourd'hui est passionnée par l'identité et propose des identités quand elle n'est plus capable de donner autre chose : on est jeune, vieux, banlieusard, intermittent. On signe des pétitions en tant que juif, homosexuel, musulman, socialiste, et on ne se définit plus que par un étiquetage identitaire qui donne accès à la grande kermesse des polémiques et des débats. Mais que c'est complexe un être ! Avant d'être un citoyen, il faut apprendre à un être un mortel ; avant d'être un électeur, il faut être un amoureux, il faut être un enfant sur une plage. Encore une fois, c'est l'intériorité – ses cavernes, ses fauves, ses chimères – qui peut être agissante et nous avons tout à apprendre des femmes...

Je m'insurge contre ces identités qu'on nous assigne. Ça fait chic et choc de dire : je suis homo et catholique. Ça semble paradoxal, antinomique, mais quand on y réfléchit un peu sérieusement, ça ne l'est pas. Si je peux signer une pétition en tant que catholique, c'est que catholique pour moi veut dire universel.

Mais comment parler en tant que femme ou en tant qu'homosexuel ? Il y a des choix plus fondamentaux que nous devons assumer et qui submergent nos identités diurnes. On peut être homosexuel d'extrême droite, on peut être noir et raciste, on peut être une femme et défendre l'oppression. Nous sommes nos idées et nos idées sont notre existence.

Nous vivons aujourd'hui une mondialisation de l'homosexualité. Son acceptation s'étend à une vitesse incroyable. Dans ce contexte, ma position est générationnelle. Lorsque j'étais très jeune, j'admirais Le Front homosexuel d'action révolutionnaire (FHAR). Et puis, petit à petit, du gay, nous sommes passés au *queer*, ce mouvement qui vient des États-Unis et qui défend le droit à toutes les différences. Celui des homosexuels, hommes ou femmes, des bisexuels, des transsexuels... mais pas seulement, car le *queer* prend aussi en compte les questions de genre, de race et de classe. C'est un mouvement politique, universel et exégétique. Cela m'apparaît plus juste que la défense d'une communauté gay qui peut s'allier sans sourciller avec les défenseurs de la guerre en Irak.

En somme, si je faisais un plaidoyer pour la féminisation du monde cela voudrait dire pour une perte de repère et de frontière cataclysmique. Transformer les revendications en une sorte de théâtre permanent qui nous plongerait dans les lumières des abysses, avec les montres du désir et les éruptions volcaniques de la pensée poétique. Cela ne serait pas vivable, évidemment. Qu'on laisse au moins des lieux où la féminité s'érige en règne de l'intelligence, c'est à dire des théâtres. Et, spectateur ou acteur, l'on y vient faire offrande du masque que le monde nous impose et entrer dans une magnifique inquiétude.

Quant à moi, j'y volerai des plumes et des perles pour rire encore de mes désirs inassouvis. Et de là, rendre hommage aux femmes qui m'ont appris à être ce que je suis et à me perdre aussi souvent que possible dans les extases artificielles. Alors je deviendrai féministe non pas pour la cause des femmes, mais pour la cause de l'esprit.

Illustration de Chloé Poizat

XAVIER
LAMBOURS

Femmes sans cinéma

J'ai connu Xavier Lambours très jeune. Il sortait de l'expérience *Hara-Kiri* et venait d'entrer à *Libération* où écrivait mon idole : Serge Daney. Très vite, il s'est passionné pour le cinéma et descendait à Cannes pour « couvrir » le festival. Il était pataud, intimidé, gaffeur, volubile et ne trouvait pas sa place dans ce vaste bordel qu'est Cannes où, quand vous n'êtes rien, personne ne fait attention à votre existence. Il a rapidement pris la mesure de cette inattention de chacun pour chaque autre et a su en faire une force pour approcher les « vedettes ». Xavier n'en a rien à faire des vedettes, ce qu'il cherche à capter, ce sont les êtres. À l'époque, il était toujours sûr que ce qu'il faisait était banal, moche, à côté. En fait, mine de rien, c'est un théoricien de l'inachevé, de la fugacité, de la timidité. Aujourd'hui exposé dans les grandes institutions, il n'a pas pris la grosse tête et reste toujours poète. Même si c'est lui… qui est devenu la « vedette »…

L.A.

AGNÈS

Je demandais à mes sujets (seuls les rois et les photographes ont des sujets) d'être dénudés, torse nu visible chez les hommes, poitrine camouflée chez les femmes. Agnès Varda a tout de suite accepté, à une condition : l'eau. C'était Venise, Laure y était, c'était notre première rencontre à l'époque des *Nuits magnétiques*.

BETTE

C'est la Belle et la Bette, cette femme m'effrayait. Le contraire de Lillian Gish, douce et tendre. Une sorcière, Bette ! J'adore avoir peur, alors je l'aime, la méchante. Laure se promenait dans les allées de la cinémathèque, elle m'a regardé la photographier.

GINA

Gina est photographe, et moi, un piètre acteur. Je n'ai pas pu cacher la déception de notre rencontre matinale quelques heures auparavant. Elle n'aimait pas la lumière du Bunker – pas le normand, le cannois. Le hasard de l'après-midi m'a permis de la voir entrer dans sa chambre du Carlton. Mon cœur a grondé, elle avait raison : moches, mes images. Je toque à la porte, elle l'ouvre, sans un mot. Je lui montre mon appareil pendant autour de mon cou, comme un exhibitionniste égaré. Elle fixe tour à tour l'objet et mon regard interrogateur. Fière, elle lève l'index, son doigt s'agite d'avant en arrière. J'entre et j'entends le petit rire de Laure dans mon dos, sortant de sa chambre, avec sa valise à roulettes.

MONICA

En 2003, Canal+ est pauvre. Pas de plage, le maître du haut château est reclus sur le toit du Bunker, attendant le dernier assaut contre sa chaîne rouillée. On aime enterrer ici. La reine est seule, son roi monte bravement les marches rouges du palais maculées du sang des hordes paparazzicales décimées pour la délivrer. J'ai peu de temps, un miroir m'autorise à la regarder, il m'est interdit de sortir du reflet sous peine d'être damné et pétrifié. C'est Laure qui m'a prévenu. La poitrine de Monica gonfle, juste le temps d'écraser mon doigt sur le déclencheur. Elle s'élève dans le ciel, deux énormes ballons la portent aux nues.

ISABELLE

À Tan-Tan, une autre reine a été enlevée par les nomades en pleine fantasia devant le frère du roi du Maroc. Elle pleure devant la mer espérant la venue d'un vaisseau salvateur. Je suis là, le dernier rayon de soleil frappe la belle, je suis las. Pas Laure.

CATHERINE ET ANDRÉ

Catherine décide de tout. Ni André ni quiconque n'a son mot à dire. Je suis son esclave et ne rêve que d'évasion. Elle m'autorise à la prendre à condition qu'elle me dirige. André s'amuse, il est bon de laisser faire, de ne pas être responsable. J'entends leur conversation moqueuse. Ils veulent me vendre... à Laure. Ce qui me choque, c'est le prix ! Je suis bradé !

5063 TX
20
KODAK 5063
19A
20
20A

KODAK
17

SIMONE

Yves n'est pas là, il prépare le café. *Garçon !* l'a tellement marqué qu'il continue à jouer : il fait du café, du café tout le temps. Simone, la main sur le cœur, me jure qu'elle m'a vendu à Catherine une vraie fortune et ne comprend pas qu'elle se soit débarrassée de moi à moindre coût. Yves arrive, plateau en équilibre sur une main, torchon sur l'avant-bras. Pourquoi partir ? Je suis bien ici, et Laure a perdu ma trace.

JULIETTE ET LEOS

Juliette était venue me voir, boulevard Raspail, en 1984. J'exposais, Truffaut venait de mourir et il était sur le mur avec les autres. Elle ne m'a pas parlé, elle admirait mes photos, pas moi. Elle m'a vu comme un coq gonflé d'orgueil. À l'époque, j'avais des chevilles pouvant soutenir toutes les charges de la bêtise humaine. Laure ne me parlait même plus. En 1987, après ma première chirurgie esthétique, j'ai pu approcher Juliette. Leos a accepté de poser, en retrait, à la seule condition que cette photo ne soit jamais publiée du vivant de leur couple. J'ai tenu ma parole, et Laure m'a à nouveau parlé.

SERGE ET LES ROMBIÈRES

Serge est en forme ce jour-là, Laure vient d'achever une interview-fleuve de trois jours et trois nuits avec lui. Tout a été dit et personne n'en saura rien. Je demande à Serge d'entrer dans le restaurant du Majestic, qui n'est pas encore Barrière. Je lui demande de ne pas me regarder. Je veux faire croire, comme Doisneau, que c'est une photo prise sur le vif.

Xavier Lambours, le 14 juillet 2011

E

BERTRAND
BONELLO

Sexe, plaisir et poésie

Jacques Lacan l'affirmait : le rapport sexuel n'existe pas. Bertrand Bonello, jeune cinéaste venu à cette discipline par amour de l'art, ne cesse de tourner autour de cette question. Il s'intéresse au changement d'identité sexuelle, aux rapports amoureux libres entre les êtres sans l'idée de péché ou de faute, au cinéma pornographique pour y chercher les mécanismes de jouissance et peut-être l'amour fou et, dans son dernier film, *L'Apollonide*, à la prostitution.

À mes débuts d'historienne, après avoir rendu hommage aux révolutionnaires féministes de 1830 et de 1848, j'ai voulu comprendre comment s'était structurellement constitué, au XIXe siècle lors de l'avènement de la bourgeoisie, ce couple vénéneux de la maman et de la putain. C'est ainsi que j'ai passé plus de cinq ans à tenter d'exhumer de l'oubli la voix des prostituées grâce à des archives où leurs paroles étaient retranscrites (ou délibérément trahies) par des commissaires de police, des médecins spécialisées de la bonne santé des pensionnaires des bordels ou des hygiénistes. J'en ai fait un livre qui, curieusement, a provoqué un courrier abondant de prostituées en exercice qui me racontaient leur vie. Certains, certaines voulaient que je poursuive ce travail pour évoquer aujourd'hui. J'ai renoncé, de peur de ne pas savoir mettre la distance nécessaire, d'être trop proche de mes « sujets », mais je conserve un immense respect pour toutes les personnes qui pratiquent ce métier.

Peut-être vais-je avoir la force de reprendre grâce à Bonello qui, par sa grâce cinématographique, leur rend un visage et une âme.

L.A.

J'ai compris très jeune que les rapports entre les hommes et les femmes constituaient la trame d'une réalité qui était au centre des préoccupations des adultes. Je vivais parmi eux, avec mes parents dans une maison qui s'appelait *L'Apollonide*. Beaucoup de gens y passaient, y restaient quelque temps : des écrivains, des artistes, des intellectuels... J'écoutais les conversations, je m'imprégnais sans le savoir de leurs discussions. J'étais là, au milieu des grands. Ils me laissaient exister parmi eux, sans vraiment faire attention à moi.

C'était à l'aube des années 1970, dans la constellation de 1968. Devant moi, mes parents et leurs amis parlaient de tout sans tabou, notamment de sexualité. Ils se confiaient leurs secrets, y compris les plus intimes, allant jusqu'à évoquer leurs rapports sexuels. Parmi les personnes qui fréquentaient *L'Apollonide*, je me souviens d'une femme, critique d'art, que j'admire énormément. Catherine Millet revendiquait avec force sa liberté, et surtout l'importance d'exprimer cette liberté. Elle parlait de sexe avec autant de facilité qu'elle racontait ses découvertes artistiques. Ce qu'elle disait m'impressionnait et m'emportait parce que c'était un mélange de grande intelligence et de pratiques de vie. Ce lien consubstantiel entre les deux était un véritable apprentissage du monde.

Aujourd'hui, cette période et ce lieu me manquent et me rendent un peu nostalgique. J'étais là tout le temps, je traînais, je m'enfermais dans le salon. Et j'écoutais. J'écoutais même à demi endormi, alors que les adultes m'oubliaient. Cette atmosphère très libre, cette absence d'interdits... Tout ceci m'a forgé, formé, pas de manière didactique mais de manière intellectuelle et sensuelle.

Cet environnement n'a pas empêché mes parents de m'inculquer des principes forts. Petit, je savais ce que l'on pouvait faire et ce qui ne se faisait pas. Ils m'ont transmis une morale. Mon père s'opposait à toute forme d'interdits, mais il me disait en revanche qu'il fallait fixer soi-même ses propres limites. Avoir une morale, c'est ne pas se faire happer par la pensée dominante. C'est ne jamais perdre ses exigences. Avoir une morale, c'est allier rigueur et liberté. J'aime énormément l'association de ces deux mots ; c'est à partir de cela que j'ai construit mon rapport au monde. La morale n'est pas le moralisme. Il faut être fort aujourd'hui pour échapper au moralisme ambiant, pour garder la conviction qu'il faut avancer tous ensemble vers un certain type de société, libre et libéré. Certes, j'ai eu la chance d'être élevé dans un état d'esprit libertaire, dans un souci de l'Autre, dans une atmosphère qui a aiguisé ma curiosité – ce qui n'était pas le cas des petits camarades que je fréquentais à l'époque –, mais si je combats le moralisme aujourd'hui, ce n'est pas par nostalgie de l'enfance, c'est une question de rigueur par rapport au bien commun.

CINÉASTE

Lorsqu'on fait du cinéma, allier rigueur et liberté est quelque chose de très compliqué. On a besoin de séduire, d'embarquer des gens dans une aventure commune, on a aussi besoin d'argent. On est sollicité, on sollicite les autres... Ce qu'on vous demande, c'est de vendre votre âme. Et il faut être assez malin pour refuser.

Malraux disait : « Par ailleurs, le cinéma est une industrie. » Par ailleurs, il est aussi un art. Je me définis comme un cinéaste qui tente de faire du cinéma comme un art, et en cela j'ai l'impression d'être isolé. Cela ne me gêne pas trop, car j'aime la solitude. C'est une sorte de nourriture intellectuelle et psychique pour moi, qui remonte à mes lectures d'enfants. Quand je décide de faire un film, j'ai des idées en tête. La difficulté est de les extérioriser, sans les trahir au contact des nombreux interlocuteurs que l'on doit rencontrer pour que le film voie le jour. Pour faire un film, je dois sortir de cette solitude, devenir un autre moi-même. Comme une sorte de chef d'orchestre qui compose à la fois avec ses partitions et ses musiciens. Il y a des moments où il faut suivre le rythme, d'autres où il faut dessiner une mélodie, d'autres encore où l'important est d'assurer la coordination entre tous les musiciens. Il faut être plusieurs tout en étant un seul.

J'ai longtemps été musicien, notamment dans des bandes originales de film. J'ai beaucoup travaillé en studio, parfois avec des vedettes (Françoise Hardy, Elliott Murphy...). J'avais vingt - vingt-cinq ans. Aujourd'hui, j'en ai quarante. Je travaille chez moi pour pouvoir devenir et continuer à être cinéaste. Pour cela, je me nourris de littérature, de philosophie... Je pense ma vie comme quelqu'un qui n'arrête pas d'imaginer une mise en scène.

PREMIERS PAS

Adolescent, le cinéma ne m'intéressait pas particulièrement. Je voyais parfois des classiques. Tout s'est déclenché pour moi quand je suis tombé en admiration devant une pièce de théâtre de Tadeusz Kantor. Elle m'a tellement sidéré que j'ai voulu entrer en contact avec lui. Je lui ai dit : « Voilà, je ne sais pas faire de cinéma, mais je vais faire un documentaire sur vous. » Il a accepté sans me poser aucune question. Puis il est mort avant que le film ne se fasse. Je suis quand même parti en Pologne et j'ai fait un film avec des comédiens de sa troupe, une fiction. Mon premier film, que je n'ai jamais revu depuis. Un vrai film, tourné en 16 millimètres avec une vraie équipe.

À partir de ce moment-là, mon film et ma naïveté en poche, sans avoir fait d'école, j'ai commencé à prendre des rendez-vous avec des gens de cinéma. En commençant à tourner, cela m'avait paru évident : je voulais faire du cinéma, montrer ce que la littérature ne peut pas montrer. À l'époque, j'étais très impressionné par David Cronenberg. Il réussit à filmer ce qu'on ne peut pas filmer. J'aimais la mythologie depuis mon adolescence – j'ai été élevé dans la lecture assidue de tous les livres de Jean-Pierre Vernant, cet historien spécialiste des mythes grecs – et je trouvais que Cronenberg était une sorte de « continuateur » de la mythologie grecque. Je voulais faire du cinéma pour être dans cette continuité de l'invisible ou du mental, pour la « rendre visible », grâce à la caméra. En tout cas, je voulais faire quelque chose d'organique.

C'est pour cela que j'ai commencé par ce film, *Quelque chose d'organique* (1998), sur un couple de Français immigrés à Montréal. C'est le portrait d'une femme qui veut rompre, prendre sa vie en main, et qui finit par offrir son corps à une bande de mineurs en s'abandonnant totalement, dans un viol collectif. Cette séquence a été très critiquée au moment de la sortie du film. La scène se déroulait dans un champ enneigé du Canada, au milieu de lacs orange – une idée socratique dans l'absolu. Certains cinéphiles et certaines féministes y ont vu un propos antiféministe. Pour moi, c'était tout l'inverse. Au travers de ces images, j'essayais de retranscrire l'innocence et la naïveté du personnage.

FILMER LE PORNO

La représentation du corps m'a toujours intéressé. Elle est devenue le cordon ombilical entre tous mes films : qu'est-ce qu'un corps et comment le représenter ? Comment peut-on le montrer au cinéma ?

Dans mon second film, *Le Pornographe* (2001), je souhaitais raconter l'histoire d'un type qui faisait des films pornos mais voulait leur donner une dimension artistique. Je me suis mis à réfléchir, à lire des livres de philosophie. Pour interpréter le personnage principal du *Pornographe*, j'ai choisi Jean-Pierre Léaud. Il m'a reçu alors que je n'étais rien ni personne, et a accepté tout de suite, en demandant simplement de ne pas assister aux scènes pornographiques. Avec les champs et les contrechamps, cela ne me posait aucun souci. Nous avons tourné ces scènes dans une atmosphère de grande complicité, en toute simplicité. Les acteurs étaient des professionnels du film X. J'ai été très étonné de la facilité avec laquelle ils pouvaient faire l'amour si longtemps et si souvent. Pour eux, c'est un véritable travail. Il n'y avait aucun climat sexuel, aucun côté trash, aucune ambiguïté entre les acteurs sur le plateau. Ils allaient au boulot, tout simplement. Les choses étaient très claires entre nous : je n'étais pas là pour les « sauver » du porno. Ils ne demandaient rien, n'attendaient pas de moi que je les mène vers un autre cinéma. Ils se revendiquaient travailleurs du sexe et voulaient continuer à exercer ce métier qu'ils avaient choisi. Le fait de faire appel à de vrais professionnels nous a d'ailleurs permis d'éviter un certain écueil. Le film traitant frontalement de la question sexuelle, de ce que « faire l'amour » signifiait, il était important de ne pas passionner le rapport entre les sexes.

Pendant le tournage, il a fallu répéter le geste sexuel d'un couple qui fait l'amour. Une scène porno peut être belle, mais elle peut ne pas l'être. Parce que pour exciter – ce qui est la nature même du film porno –, il faut que l'actrice soit réduite à un corps qui fait bander et que les images excitent les mecs, qui d'ailleurs paient pour cela. Dans ce rapport aux filles et à la pornographie, il n'y a pas d'émotion. Ces types-là ne la cherchent pas. Par définition, c'est la montée du plaisir sexuel sans approche de la beauté qui les intéresse. C'est justement dans cet interstice que je voulais situer mon film. J'avais dans l'idée que le cinéaste porno devait mettre en scène non plus du sexe fabriqué, fait des stéréotypes mécaniques qui font bander et que l'on connaît par cœur, mais de l'amour. Essayer de faire du sexe non simulé au cinéma, par définition, c'est plus simple pour les acteurs qui ne sont pas issus du monde du porno. Ma tentative était de rajouter de la beauté au sexe, de prendre de la distance avec la pornographie. Quand le personnage féminin de mon film dit « je t'aime » pendant la scène porno, il y a un basculement. C'est cela qui m'intéressait. Quand on introduit de la beauté, de l'amour, le sexe mécanique ne fonctionne plus. Alors, ce n'est plus du pornographique, mais c'est du cinéma. En tout cas, c'est ce que j'ai tenté de faire.

TRANSSEXUALITÉ

Tiresia (2003), mon troisième film, a une histoire incroyable. Au départ, c'était un rêve qu'un ami avait couché sur papier à son réveil. Il a longtemps essayé d'en faire lui-même un film, je le poussais d'ailleurs dans ce sens tant il était intime et personnel. Puis, après plusieurs tentatives, il me l'a donné pour que je le porte à l'écran, que je continue ce travail qu'il n'arrivait pas à faire. On partait de deux pages et demie qui racontaient son rêve. Un dogme, une philosophie, deux pages de poésie à la Pasolini. J'ai mis huit ans à faire ce film que je pensais impossible, en prenant garde, bien sûr, à ne pas trahir son rêve. C'est l'histoire d'un homme qui devient trans' et qui, kidnappé et privé d'hormones, redevient doucement un homme. Un homme qui devient femme, puis cette même femme qui devient homme, c'est changer de corps en plein milieu de sa vie. En pensant à Buñuel que j'ai toujours beaucoup admiré – et notamment son dernier film : *Cet obscur objet du désir* (1977), avec Carole Bouquet –, j'ai décidé de m'affranchir de la dictature du réalisme. On dit d'un acteur qu'il est bien quand il est vrai. Eh bien, justement, j'ai pensé que le personnage de Tiresia devait être fait de beaucoup d'artifices. Et c'est en tant que « cinéaste du faux » que j'ai essayé d'arriver au vrai. Je n'ai tourné que dans cette idée-là. Oui à la réalité, non au réalisme forcé. Pasolini disait d'ailleurs : « Le réel, oui, mais le cinéma, c'est un art du faux. » Ce n'est pas un art du bien voir, c'est un art du faux.

Pour préparer ce film, j'ai passé beaucoup de temps avec les transsexuels et les travestis, sur les lieux de drague... J'ai essayé de m'intégrer à leur monde. J'ai senti leurs réserves, voire leur peur. Ce milieu est extrêmement sauvage mais à la fois très normal. Il y règne une grande solidarité, même si la transsexualité peut prendre plusieurs formes : il y a les travestis, les hommes qui ont gardé leur pénis, ceux qui se sont fait opérer, etc. L'assignation d'identité sexuelle qu'ils subissent aujourd'hui est dure à vivre et très douloureuse. Beaucoup de ceux qui ont choisi de changer de sexe n'ont pas d'autre issue que de faire le trottoir. Et on est toujours dans une histoire terriblement policière. Au bout de plusieurs mois, les liens avec eux se sont resserrés. J'ai trouvé mon personnage comme ça, par petites approches. Une fois le film monté, je leur ai montré. Ils se sont vus non pas comme des trans' ou des travelos mais comme des personnages de mythologie. Ils ne ressentaient plus aucun jugement. C'est ce à quoi je voulais arriver ; ça m'a beaucoup touché.

MAISON CLOSE

Après avoir parlé des transsexuels, je souhaitais faire un film sur un groupe de jeunes femmes. L'idée était de filmer non pas une héroïne mais des femmes ensemble, un collectif féminin. Je gardais en tête l'idée de toujours tenir ce fil du corps, de la représentation du corps, de ce que veut dire un visage. J'ai beaucoup hésité. C'est le fait d'aller revoir les films d'Antonioni, et particulièrement *Femmes entre elles* (1955), qui m'a donné le chemin, et aussi le cheminement pour pouvoir me dire que j'allais traiter de filles entre elles dans un espace clos où le corps, le mental, l'affection, le documentaire seraient intimement entrelacés. J'en suis arrivé comme ça au thème de la prostitution et des maisons closes dans les années 1900. Pour moi, cette maison close devait s'appeler *L'Apollonide*, du nom de la maison dans laquelle j'ai grandi et où s'est forgé tout mon imaginaire. *L'Apollonide* est comme une grotte mystérieuse.

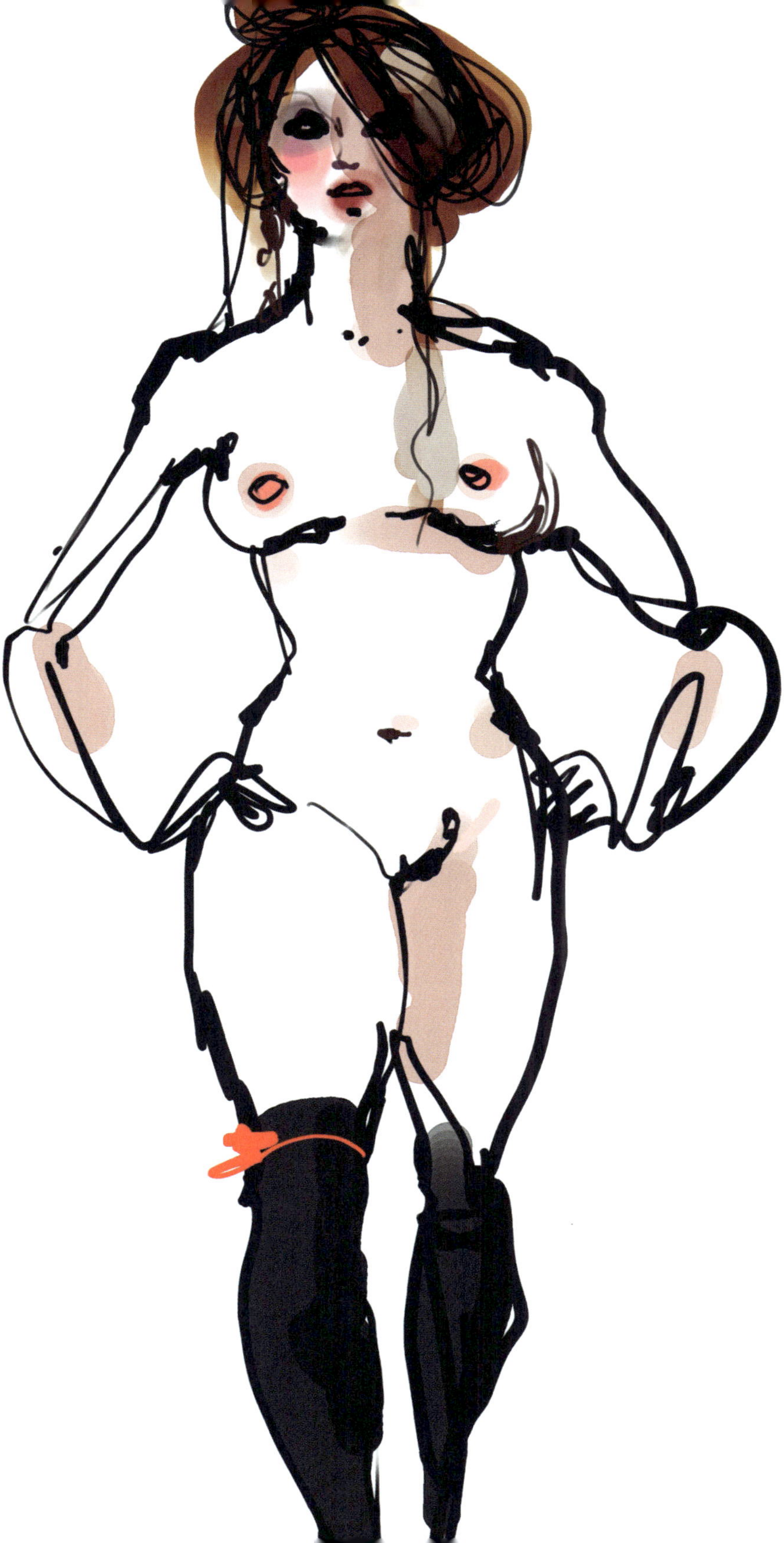

Quand je commence un film, ou que l'idée d'un film naît en moi, la première chose que je fais, c'est écrire. J'écris d'abord les scènes fondamentales, que j'appelle les scènes fondatrices. La première version de *L'Apollonide, souvenirs de la maison close* (2011) s'articulait en trois ou quatre scènes. J'avais l'idée de larmes de sperme, de dix filles qui pleurent en écoutant une chanson des Moody Blues, d'un couteau qui défigure un visage, etc. Je savais qu'il fallait faire un film, juste pour ces moments-là. À partir de ces fondamentaux, petit à petit, j'ai imaginé un récit, pour articuler ces scènes, les suturer. Je voulais sortir les filles des clichés de la prostitution, de l'obscénité. Je voulais qu'on les voie solidaires entre elles, qu'on les voie joyeuses. Je voulais aussi qu'on les voie belles, qu'on voie leurs corps non avec un regard sexuel, mais avec une sorte de gourmandise. Je voulais qu'on les voie se baigner – le seul moment du film (fondamental pour moi) où elles sortent de la maison close. Finalement, dans ce film, l'histoire n'est pas si importante.

Je tenais ainsi à réhabiliter la prostitution. Parce qu'aujourd'hui plus que jamais, c'est un sujet d'actualité, qui nous est jeté en pâture. On a d'ailleurs récemment avancé l'hypothèse de la réouverture des maisons closes. Il y a encore une très grande violence policière qui court sur le monde de la prostitution. Mais je n'ai pas voulu faire de la sociologie. Je me suis inscrit comme cinéaste.

Les maisons closes servaient à clôturer les femmes à l'intérieur d'espaces où seuls quelques hommes avaient le droit d'entrer, et pas n'importe quels hommes. Des médecins pour examiner les filles. Des préfets pour savoir si les comptes étaient bien tenus. C'est pourquoi ce film porte aussi sur le désir des hommes ; un désir qui ne peut s'allumer que si les femmes ne sont pas dupes de ce jeu tarifé qu'est la prostitution. Les femmes regardent des hommes en train de les regarder. Cette mise en abyme de la représentation, du regard des hommes sur les femmes, est pour moi très importante. Il y a certains hommes qui ne peuvent faire l'amour qu'avec des femmes qu'ils paient, et ils les paient pour pouvoir les regarder.

Je voulais également montrer des femmes qui regardent des femmes. Le fait est qu'elles sont toujours en rapport les unes avec les autres dans une solidarité finalement très intime. Au bout du compte, dans ce film, ce sont les femmes qui sont les plus fortes. Elles s'en tirent avec les hommes, restent lucides, organisées. Elles se racontent tout sur eux. Et elles arrivent à les culpabiliser, à faire d'eux des objets alors qu'ils tentent de faire d'elles des poupées. Finalement, l'objet, c'est l'homme. Les femmes, elles, mènent la danse et se serrent les coudes. Et à la fin, c'est un collectif qui naît de cette solidarité entre ces femmes.

Cinéaste, je suis comme un peintre. Mes films se construisent dans la distance que j'essaye d'imaginer entre ma position de cinéaste et celles et ceux que je filme. C'est d'autant plus vrai quand il s'agit de sexe. Il faut savoir n'être ni voyeur ni trop élégant en esquivant la question. Quand on me demande : « Qu'est-ce qu'un corps ? », je réponds : « Quelle est la différence entre un corps et un être ? » J'espère filmer des êtres. Même si pour cela, forcément, je suis obligé de filmer des corps. Fidèle lecteur d'Emmanuel Levinas, je suis très attaché à la définition du visage. Un être est un être, et non une chose, à partir du moment où il a un visage.

Illustration de Christian Lacroix

NIKITA

Les vies de Nikita

J'ai rencontré Nikita au théâtre de l'Odéon en 2009, où se sont tenues les Assises de la prostitution. Y participaient des hommes, des femmes, des travestis, des transsexuels... Tous prostitués. J'ai eu la chance de pouvoir les écouter toute la journée, car ils m'avaient demandé d'animer une conférence de presse en fin d'après-midi. Nikita était à mes côtés pour répondre aux questions des journalistes dans la grande salle de l'Odéon pleine à craquer. J'ai été frappée par la qualité de ses propos, par ses talents d'écoute et par sa volonté de coordonner les luttes pour déboucher sur quelque chose de concret. J'ai aussi aimé son sourire et son humour. Cette réunion s'est terminée par la création du Strass, premier syndicat des travailleurs sexuels, et la « paternité », même s'il fut une création collective, en revient à Nikita. Je ne suis pas peu fière d'être la cinquième adhérente de cette organisation.

J'ai revu Nikita. J'aime parler avec lui. Je voudrais qu'il écrive lui-même sa vie. Il s'en dit incapable. En voici déjà quelques fragments.

L.A.

Laure Adler : Qui êtes-vous ? Quelle est votre histoire ?

Nikita : Alors, mon histoire... Mais quelle version de mon histoire ?

L.A. : La vraie !

N. : La vraie ? Je suis né en 1960. J'ai été abandonné à deux mois par ma mère biologique qui avait quinze ans et demi. J'ai été adopté par une famille extraordinaire qui m'a donné beaucoup d'amour. Après, je suis allé à l'école. Au collège. Puis, à douze ans, j'ai rencontré mon premier petit copain. À quinze ans, un peu par hasard, d'une certaine manière, mon premier client. Donc : prostitué.

L.A. : Comment et pourquoi ?

N. : Comment ? Dans un lieu de drague, sur les quais d'un fleuve. En fait, je n'avais pas spécialement envie de coucher avec lui, mais lui en avait envie. Alors je lui ai dit : « C'est cinq cents francs. » Et puis voilà.

L.A. : Ce n'était pas prémédité ?

N. : Ah non ! Pas du tout. Je n'avais même pas besoin d'argent, c'était vraiment comme ça. Il est vrai que ça m'a permis de financer une partie de mes études, et de me payer des petits accessoires de mode. Bref, de m'amuser un peu. Mes études... École d'ingénieur en électronique et en informatique. MBA (Master of Business Administration) à New York. J'ai étudié à Paris, à Londres et à New York. Je suis rentré en France en 1985. L'année où ils fermaient tous les saunas à San Francisco. C'étaient des années noires. Tous mes copains sont morts. Je me suis enfermé pendant un an en rentrant. Je ne suis pas sorti. J'allais au boulot, je rentrais, j'écoutais la radio et c'était tout. Un peu terrorisé.

L.A. : Et personne ne connaissait votre passé.

N. : Non. Pas vraiment. Et puis, j'ai rencontré celle qui est devenue ma femme en 1987. Moi qui ne pensais pas coucher avec une fille... Je pense qu'on s'est vraiment aimé. D'une certaine manière. Parce que j'ai découvert l'amour beaucoup plus tard. On a eu trois enfants. Et on a divorcé. Nos chemins se séparaient vraiment. J'avais toujours envie de faire l'amour avec des garçons. Donc, c'était quand même difficile. Pendant ce temps-là, j'ai exercé mon boulot de consultant ou de dirigeant de société de conseil en management d'informatique. J'ai fait du redressement d'entreprise aussi. Jusqu'en 1999, où je suis parti habiter à Londres, avec l'un de mes clients. Un client de prostitué.

L.A. : Parce que cette activité n'a jamais cessé ?

N. : Elle n'a jamais vraiment cessé. Sauf pendant la période de mon mariage, qui a duré six ans. Mais ça a été un flux continu, sous-jacent.

L.A. : C'était un besoin, une habitude ou un jeu ?

N. : Peut-être les trois. Besoin au sens sexuel, ça, c'est sûr. Habitude aussi. Je crois qu'il y a une force de l'habitude, malgré tout. Et, en même temps, un jeu. Et puis, ça fait plaisir d'avoir des clients. Tu te dis : « Je suis toujours potable, c'est bien. »

L.A. : Et vous êtes parti à Londres ?

N. : Oui. Je suis parti vivre avec un client qui me l'avait proposé. Mais ça s'est vite transformé en cauchemar. Alors, un jour, je suis parti. Le retour en France a été difficile, parce que je n'avais plus rien. Plus de boulot, plus de logement, plus de revenus. J'avais tout lâché pour partir avec lui. Alors j'ai redémarré mon activité et j'ai ouvert un cabinet de conseil en 2004-2005. J'exerce encore aujourd'hui, à Paris. Et puis il y a un an et demi, fin août, j'ai rencontré l'amour de ma vie. Le vrai.

L.A. : Nikita, ça vient d'où ? Comment vous êtes-vous choisi ce prénom ?

N. : Ça vient d'un film que je suis allé voir un jour : *Catwoman*. J'en avais marre de travailler en garçon. C'est lassant au bout d'un certain temps, les clients... Je me suis dit « Tiens, si je m'habillais en trav' ? » Travesti, avec un look genre dominatrice, vinyle, un peu trash, mais quand même *butch*. Ça allait donner un certain renouveau. Ça m'a sans doute permis de retrouver un peu de plaisir à être prostitué. Et puis Nikita, c'est une tueuse. Nikita, c'est un prénom masculin pour les Russes, féminin pour les Français. Pour une dominatrice travestie, c'était pas mal.

L.A. : À quoi ressemble Nikita ? Est-ce que vous pouvez la décrire ? Ses habits, son maquillage, son allure, sa démarche... ?

N. : Elle est grande, brune, elle est en vinyle, elle a des cuissardes, et elle ne sait vraiment pas marcher comme une fille. Il y a du progrès à faire.

L.A. : Ça prend combien de temps de devenir Nikita ?

N. : À peu près dix minutes.

L.A. : Ah ! Pas plus ?

N. : Oh non, vous savez. Rapport qualité/prix, il faut que ça aille vite. Le temps, c'est de l'argent. Comme je disais toujours : les clients ne viennent pas pour mon maquillage. Donc, le maquillage, c'était deux traits bleus, un trait noir, et un peu de fond de teint. Sinon, dans sa vie militante, on pouvait voir Nikita dans les défilés à peu près vêtue pareil. Mais Nikita aujourd'hui, c'est un garçon barbu.

L.A. : Donc vous gardez en vous quelque chose de Nikita.

N. : Oui, mais je ne sais pas quoi. Nikita n'a jamais été « moi », au sens profond du terme. Ce n'était pas une démarche de transgenre. Ce n'était pas une volonté de devenir une femme. C'était professionnel et c'est tout. C'était effectivement un homme déguisé en femme pour avoir des clients.

L.A. : Mais, quand un homme s'habille en femme pour attirer des clients, est-ce que les clients savent que c'est un homme déguisé en femme ou est-ce que certains peuvent penser que c'est une femme ?

N. : Certains clients pensaient que j'étais une femme. Ça, c'est clair. Mais s'ils venaient, c'était parce que j'étais un homme à la base. Avec tous les attributs qui vont avec. C'est ça qui les intéressait. Je pense que d'une certaine manière, il y a dans leur démarche un certain refus de leur propre homosexualité. Que je sois habillé en femme les rassurait. Ils pouvaient dire qu'ils allaient voir une femme, une trans', donc une simili-femme. Je ne parle pas des trav' mais bien des trans'. En revanche, ce dont ils avaient envie, c'était d'un pénis. Ils venaient voir un homme biologique travesti.

L.A. : Et vous, dans ces moments-là, vous n'avez jamais eu des problèmes d'identité, des litiges, pour savoir qui vous étiez ?

N. : Pas du tout. Je jouais un rôle. Je mettais simplement un costume pour aller travailler. Le seul moment où j'ai pu avoir des problèmes d'identité, c'était vers mes dix-huit ans. Parce qu'à l'adolescence, on est généralement plus passif qu'actif dans les relations homosexuelles. Moi en tout cas, je l'étais. Je ne me suis servi de mon sexe que bien plus tard. S'il m'est arrivé de me poser la question de mon identité, ça n'a jamais été un problème fondamental. Je n'ai jamais vraiment eu envie de passer par l'opération pour devenir trans'. En revanche, j'aurais bien aimé avoir les deux sexes. Être hermaphrodite. C'est-à-dire : un vrai pénis et un vrai vagin. Et à la limite, si on veut tendre vers l'idéal, en termes de relations sexuelles purement : pouvoir échanger. Un matin, être une fille. Le lendemain, un garçon.

L.A. : C'est bien ce que vous étiez, psychiquement et dans le regard des autres. Presque une femme ! Il s'est passé quelque chose que nous les femmes et que plein d'autres hommes n'ont jamais pu atteindre.

N. : Peut-être que j'ai pu me rapprocher un peu plus de ce que ressent une femme. Je dis bien seulement me rapprocher. À moins d'être vraiment une femme,

on ne peut pas comprendre ce que c'est. Je dois bien évidemment les comprendre plus que l'hétérosexuel de base qui n'a jamais imaginé ce que pouvait ressentir une femme.

L.A. : En tant que Nikita, vous avez joué un rôle assez important au Strass, le Syndicat du travail sexuel. D'où vient votre envie de militer ?

N. : En rentrant en France, j'ai voulu militer contre le sida. Je suis donc allé à Act Up. Dans un second temps, j'ai milité pour le droit des prostitué(e)s. On a créé un collectif qui s'appelle « Les putes en premier », en 2005, et le Syndicat du travail sexuel (le Strass), en 2007. J'ai depuis deux ans complètement arrêté la prostitution. J'ai également stoppé mon engagement. Je n'ai plus le temps. Et je suis un peu lassé de tout ça. C'est à d'autres de prendre le relais.

L.A. : Prendre le relais semble aujourd'hui plus que nécessaire. On constate tous les jours que pour que les mentalités changent vis-à-vis de la prostitution, par exemple, la route est encore longue...

N. : Il n'y a rien d'acquis en termes de lutte. Je dirais même qu'on vit au temps d'une morale sexuelle et civile. Depuis 1995 règne une dérive sécuritaire, un côté « pas de tolérance », « comportement moral encadré par l'État ». Il y a vraiment eu un revirement, à ce niveau, avec Chirac. Et depuis 2007, c'est affolant, de pire en pire. En France, désormais, les politiques veulent même pénaliser les clients ! On va assister à ce qui se passe en Suède où les prostituées qui sont sans papiers se retrouvent dans une situation inextricable. On va encore les expulser. Elles vont bosser dans des situations sanitaires pires que celles qu'elles connaissent aujourd'hui. La police est par périodes très présente sur les lieux de prostitution. Il y a quelques années, ça a été très dur. Ils avaient créé une brigade de répression des prostituées qui s'appelait l'USIP (l'Union spéciale d'intervention contre la prostitution). En ce moment, j'ai l'impression que c'est moins violent. Mais, ça peut tout à fait changer demain matin ! Ça dépend du préfet en place, du commissaire de l'arrondissement. Et des discours de Sarkozy s'il veut encore gagner des voix sur l'extrême droite. Je trouve hallucinant, d'ailleurs, que l'on puisse aujourd'hui imaginer une loi qui pénalise les clients, alors que 80 % des hommes politiques qui ont recours à la prostitution sont à droite.

L.A. : Comment savez-vous cela ? Vous leur demandez leur appartenance politique ?

N. : Non, mais il m'est arrivé parfois de reconnaître tel ou tel politique. Pendant toute une séance avec un homme, je me demandais qui il était. J'étais sûr de l'avoir déjà vu. Et effectivement, quand j'ai regardé *Paris Match* après l'élection de

Sarkozy, il était derrière lui, sur la photo. On en connaît beaucoup. Et c'est vrai qu'ils sont plus à droite qu'à gauche, les clients.

L.A. : Est-ce qu'on peut faire une typologie des clients ? Du client ?

N. : Une typologie, c'est difficile. Il y a beaucoup de sociologues et d'anthropologues qui se sont exercés à ça. Il y a tous les types de clients, dont le petit gamin qui n'ose pas avec les filles, et qui va voir une pute en se disant que ce sera plus facile. Mais la plupart du temps, c'est monsieur Tout-le-monde, cinquante-soixante ans, qui s'ennuie avec sa femme parce qu'il n'a pas compris comment elle a évolué, comment sa vie de couple s'est progressivement réduite au partage du loyer. Il n'a pas osé parler avec elle, lui demander ce dont il avait envie... Dans la prostitution, il y a des aspects de douceur, de compréhension, de rencontre réelle et de tendresse. Et puis il y a le besoin sexuel. Le client, c'est monsieur Tout-le-monde qui a envie de tendresse et de sexe. Une de mes amies dit souvent : « Ils viennent téter le sein de leur mère. » Tout simplement.

L.A. : Si la prostitution est régulièrement pointée du doigt, la transsexualité l'est également. Transsexuels et travestis sont très loin d'être acceptés. Il y a même une réelle méconnaissance de ces questions au sein de la société. Par exemple, je pense qu'il n'est pas inutile de préciser quels sont les rapports entre les trans' et les trav'.

N. : Les trans' sont des vraies femmes. Pas au niveau biologique, mais elles le sont devenues. Au prix de beaucoup de souffrances et de difficultés aussi. Professionnellement, par exemple. Trouver du travail en étant un homme sur les papiers d'identité et une femme en apparence, ce n'est pas simple ! Une de mes copines trans' était pompier. Quand elle a vécu sa transition, lorsque ses seins ont poussé, son contrat n'a pas été renouvelé. Heureusement, il y a quelques cas – Air France, Canal+... – où les trans' ont pu garder leur boulot, mais c'est rare. Généralement, il y a un rejet. Le même type de rejet que peuvent exprimer les hommes dominants envers les femmes dominatrices ou les hommes soumis. La trahison de la secte masculine.

L.A. : Y a-t-il une vraie solidarité entre les transsexuels et les travestis ?

N. : La solidarité, on l'a créée entre putes. Hommes, femmes, trans', trav'... Putes tout court. Finalement, c'est un métier. Les assises du Strass étaient très corporatistes. Il y a une répression, il y a des droits à obtenir, c'est le même combat pour tout le monde. Et il se reflète dans le Strass, avec les assises, avec les « putes *prides* »... On a finalement réussi à regrouper un milieu qui était complètement dilué. Depuis 1975, il y avait plus d'unité. Au-delà de ça, il y a toujours un *gap* entre les trans' et les trav'. Les trans' sont devenus des femmes ou des hommes. Les travestis sont des hommes travestis en femmes ou, beaucoup plus rarement, des femmes travesties en hommes.

La démarche n'est pas tout à fait la même. Les trans' se disent : « Je suis femme, dans un corps d'homme. » Alors que le travestissement, ça peut être un jeu, parfois purement sexuel. C'est plus jouer qu'être vraiment femme. Rares sont ceux qui vont jusqu'à la transition. Ceux qui passent le cap sont dans la rubrique trans', au sens général du terme : ils opèrent une transition de genre.

L.A. : On en vient à la question du transgenre, sur laquelle travaillent les milieux théoriques et intellectuels. Est-ce que cela va un jour entrer dans les mœurs ?

N. : Dans l'idéal, oui, ce serait bien que ce soit complètement libre. Quand on leur pose la question du transgenre, les politiques répondent : « Mais vous vous rendez compte, si on laisse les gens changer de sexe comme ça ? Tous les criminels le feraient pour qu'on ne les reconnaisse pas. » Voilà où on en est aujourd'hui en France. Peut-on imaginer Mesrine changer de sexe parce qu'il veut passer inaperçu ?

L.A. : Théoriquement, intellectuellement, scientifiquement, ce sont quand même des points qui sont de plus en plus questionnés. Avec des gens comme Henri Atlan qui pense que les hommes peuvent avoir des enfants, qu'on peut en venir aux utérus artificiels... Avec les travaux de Judith Butler également... Croyez-vous qu'on va parvenir de notre vivant à accepter le transgenre ?

N. : Je n'en sais rien. Aujourd'hui, il y a beaucoup plus d'acceptation : dans les grandes villes d'Europe ou des États-Unis, les homosexuels, les transsexuels et les travestis évoluent en permanence dans un milieu *queer*, branché, qui ressemble au monde gay des séries télé. Mais pour monsieur et madame Tout-le-monde, dans le fond de leur campagne, de leur village ou de leur petite ville, les trans' sont encore des monstres. Il y a du chemin à faire pour que cela change. Effectivement, les anthropologues et autres chercheurs échafaudent des théories. Mais la route est longue avant que ce soit vraiment accepté et ancré dans la société. Combien de temps a-t-il fallu pour que les homosexuels soient acceptés ? Ce n'est toujours pas le cas aujourd'hui. Ne serait-ce que tolérés ? Là encore, on n'y est toujours pas. Quand on entend cette députée de Montauban, Brigitte Barèges, parler du mariage homosexuel : « Et pourquoi pas des unions avec des animaux ? » On rêve ! C'est hallucinant d'entendre ça aujourd'hui, en 2011. Et elle est encore députée ! Alors, pour les trans'...

L.A. : Est-ce qu'un jour vous abandonnerez Nikita ?

N. : La question ne se pose même pas : mon amour m'appelle comme ça.

Illustration de Jeanne Detallante

INDICATIONS BIBLIOGRAPHIQUES

AGACINSKI SYLVIANE, *Corps en miettes*, Paris, Flammarion, Café Voltaire, 2009.

BADINTER ÉLISABETH et ROBERT, *Condorcet : un intellectuel en politique, 1743-1794*, Paris, Fayard, 1989 ; édition LGF, Le livre de poche, 1990.

BADINTER ÉLISABETH, *Émilie, Émilie. L'ambition féminine au XVIIIe siècle*, Paris, Flammarion, 1983 ; édition LGF, Le livre de poche, 2007.

BEAUVOIR SIMONE DE, *Le Deuxième Sexe*, Paris, Gallimard, 1949 ; édition Folio, 1986.

BOURDIEU PIERRE, *La Domination masculine*, Paris, Seuil, 1998 ; Points Seuil, 2002.

BUTLER JUDITH, *Trouble dans le genre*, Paris, La Découverte, 2006.

DUBY GEORGES et PERROT MICHELLE (dir.), *Histoire des femmes en Occident*, 5 volumes, Paris, Plon, 1991-1992 ; édition poche Perrin, 2002.

FRAISSE GENEVIÈVE, *Muse de la Raison. Démocratie et exclusion des femmes en France*, Paris, Gallimard, Folio Histoire, 1995.

HÉRITIER FRANÇOISE, *Masculin, féminin*, 2 tomes, Paris, Odile Jacob, 2002.

HÉRITIER FRANÇOISE, *Une pensée en mouvement*, Paris, Odile Jacob, 2009.

HÉRITIER FRANÇOISE, PERROT MICHELLE, AGACINSKI SYLVIANE, BACHARAN NICOLE, *La Plus Belle Histoire des femmes*, Paris, Seuil, 2011.

KRISTEVA JULIA, *Le Génie féminin*, 3 tomes, Paris, Fayard, 1999-2002 ; édition Folio, 2003-2004.

LÉVI-STRAUSS CLAUDE, *Tristes Tropiques*, Paris, Plon, 1955 ; édition Pocket, 2001.

MICHELET JULES, *Le Peuple*, édition originale de 1846, Paris, Flammarion, GF, 1992.

MICHELET JULES, *La Sorcière*, édition originale de 1862, Paris, Flammarion, GF, 1997.

PERROT MICHELLE, *Histoire de chambres*, Paris, Seuil, 2009.

SAND GEORGE, *La Correspondance. 1812-1876*, 25 tomes, Paris, Classiques Garnier Éditeur, 1964-1991.

SARTRE JEAN-PAUL, *Lettres au Castor et à quelques autres*, 2 tomes, Paris, Gallimard, 1983.

STAËL MADAME DE, *De la littérature*, édition originale de 1800, Paris, Flammarion, GF, 1991.

THOMAS CHANTAL, *L'Esprit de conversation*, Paris, Rivages, 2011.

WOOLF VIRGINIA, *Une chambre à soi*, édition originale de 1929, Paris, 10-18, 2001.

WOOLF VIRGINIA, *Trois Guinées*, édition originale de 1938, Paris, Des femmes – Antoinette Fouque, 1977.

Conception éditoriale : Henry Dougier
Coordination éditoriale : Marion Chatizel et Anne-Charlotte Sangam
Direction artistique : Kamy Pakdel
Graphiste : Micaela Meier
Fabrication : Bernadette Mercier
Attachée de presse : Doris Audoux

Merci à Clément Denis et Michaël Roy pour leur aide.

• • •

Crédits
Couverture : photographie © Philippe Baumann ; p. 81 © Garache, ADAGP, Paris, 2011.

• • •

Achevé d'imprimer en septembre 2011 sur les presses de l'imprimerie Corlet à Condé-sur-Noireau, France, pour le compte des Éditions Autrement, 77 rue du Faubourg-Saint-Antoine, 75011, Paris.
Tél. : 01 44 73 80 00. Fax : 01 44 73 00 12. E-mail : contact@autrement.com
N° d'imprimeur : 139592. ISBN : 978-2-7467-3052-6.
Dépôt légal : octobre 2011.